NARRATIVE DESIGN FÜR INDIE-ENTWICKLER

EDWIN MCRAE

Übersetzt von
STEFAN STURM

KAPITEL 1

NARRATIVE DESIGN FÜR INDIE-ENTWICKLER
– WAS IST DER UNTERSCHIED?

Der Unterschied heißt: Geld, Geld und nochmals Geld.

Nicht jeder kann sich eine Story in AAA-Qualität leisten oder will das überhaupt. Manche haben ganz andere Motive als den großen Reibach. Möglicherweise wollen sie auf ein bestimmtes Thema aufmerksam machen, Leute zum Nachdenken bringen oder einfach das Leben der Menschen verbessern.

Doch egal was am Ende eure Absichten sind, muss ich euch leider sagen, dass Story immer Geld kostet.

Was uns zu einer kniffligen Frage führt: Wie könnt ihr euch einen erfahrenen Narrative Designer leisten, wenn ihr nur über das Budget eines Indies verfügt? Obwohl, so knifflig ist die Frage gar nicht. Benötigt ihr den Autor nur für ein paar Stunden, solltet ihr kein Problem haben. Wollt ihr jedoch ein JRPG-Epos mit 200.000 Wörtern entwickeln, dann macht ihr sowieso *kein* Indie-Spiel mehr.

Ihr solltet euch also nicht fragen, ob ihr euch einen Autor leisten könnt, sondern wie sehr ihr tatsächlich einen *braucht.*

Darum geht es in diesem Buch. Wir wollen gemeinsam herausfinden, was genau eure Geschichte benötigt, *bevor* ihr einen Autor an Bord holt. Denn hier ist das Problem: Als Freiberufler habe ich viel Zeit damit verbracht, Indie-Entwickler darüber auszufragen, wie sie ihre Geschichte mit ihren begrenzten Mitteln überhaupt umsetzen wollen.

Dabei will ich mich gar nicht beschweren, ich mache das gerne. Tatsächlich finde ich es sogar ziemlich toll, wenn ich jemandem dabei helfen kann, endlich diese eine Geschichte zu Papier zu bringen, die ihm oder ihr schon seit Ewigkeiten im Kopf herumspukt. Dennoch fühle ich mich unwohl dabei, wenn ich dafür bezahlt werde, dass ich Leuten Dinge erkläre, die sie eigentlich *bereits wissen* sollten. Und in den meisten Fällen wissen sie diese auch *tatsächlich*. Doch sie haben einfach noch nicht richtig darüber nachgedacht. Hauptsächlich, weil sie die passenden Fragen nicht kannten oder nicht wussten, welches narrative Handwerkszeug ihnen überhaupt zur Verfügung steht.

Genau das biete ich euch an: Die richtigen Fragen, das richtige Handwerkszeug. Hammer und Meißel für eure Geschichte, anstatt des Diamantbohrers und des Laserschneidegeräts, die ihr euch ohnehin nicht leisten könnt. Und das ist tatsächlich eine ganz schöne Ansage für ein Buch mit diesem bescheidenen Umfang. Denn letztlich lassen sich mit Hammer und Meißel noch viel mehr tolle Sachen anstellen, als ich hier abdecken kann. Dennoch hoffe ich, dass euch dieses kleine Büchlein als Starthilfe dienen kann und euch in Zukunft eine Menge Geld sparen wird.

Hebt euch euer Narrative-Design-Budget für das wirklich Wichtige auf: die Verwirklichung eurer Geschichte. Und nun wollen wir gemeinsam herausfinden, wie wir eure Geschichte mit den Mitteln eines Indie-Entwicklers erzählen können.

KAPITEL 2

PLOT VS. STORY

Was ist der Unterschied?

Ich habe schon viele Indie-Entwickler gesehen, die alle in dasselbe *riesige* Fettnäpfchen getreten sind. Sie alle wollten eine Story in ihrem Spiel, ohne jedoch zu wissen, was eine Story überhaupt ist. Ihr müsst verstehen, dass jedes Spiel eine Story braucht, aber nicht jedes einen Plot. Versucht ihr einem Spiel einen Plot aufzuzwingen, das nur eine Story benötigt, stößt ihr schnell an eure Grenzen – sowohl mit euren Nerven als auch mit eurem Budget.

Also, was ist nun der Unterschied zwischen Plot und Story?

„Plot" wird meist definiert als eine Abfolge von zusammenhängenden, ursächlich miteinander verketteten Ereignissen oder Vorgängen, die das dramatische Gerüst eines Theaterstücks, eines Romans, eines Films oder eines anderen erzählenden Werks (z. B. Videospiel) bilden.

Eine „Erzählung" ist eine mündliche oder schriftliche Wiedergabe von miteinander verknüpften Ereignissen; eine Geschichte.

„Story" ist ein Bericht über erfundene oder reale Menschen und Begebenheiten, der zum Zweck der Unterhaltung erzählt wird.

Leider ist all das ganz furchtbar verwirrend und widersprüchlich, weshalb ich an dieser Stelle den ebenso weisen wie berühmten Autor E. M. Forster zitieren möchte. Zwar habe ich ehrlich gesagt noch nie etwas von ihm gelesen, doch bin ich ein großer Fan seiner eloquenten Antwort auf die Plot-Story-Frage:

„Der König starb und dann starb die Königin" ist eine Story. „Der König starb und dann starb die Königin vor Kummer" ist ein Plot.

„Der König starb und dann starb die Königin." Beides sind dramatische Ereignisse, die in keinem Zusammenhang stehen. Möglicherweise ist der König in der Dusche ausgerutscht und die Königin aufgrund eines zu eng geschnürten Korsetts erstickt. Diese zwei unzusammenhängenden Ereignisse ergeben eine „Story". König und Königin hatte einfach Pech.

Einen „Plot" haben wir, wenn die Königin an gebrochenem Herzen stirbt. Denn schließlich hat sie nicht die rutschfeste Duschmatte gekauft, mit der sie seit Wochen geliebäugelt hat. Dann haben wir einen eindeutigen kausalen Zusammenhang zwischen zwei Ereignissen. Die Königin gibt sich die Schuld für den Tod ihres Herzallerliebsten und wird von Trauer und Schuldgefühlen überwältigt. Wie von Sinnen irrt sie im Schloss umher, bis sie sich schließlich mit einem Lächeln vor eine heranrasende Postkutsche wirft.

A führt zu B.

Plot ist das A und O bei Film und Fernsehen. Die Heldenreise und der ganze Firlefanz, das hat alles mit Plotstruktur zu tun. Film und Fernsehen haben sich jahrzehntelang damit beschäftigt, wie ein „guter Plot" auszusehen hat. Er verläuft strikt linear und alle Ereignisse sind auf irgendeine Art miteinander verbunden. Ein Ereignis löst das nächste aus, bis wir schließlich das Finale erreichen, bei dem die Rebellen den Todesstern in die Luft jagen oder ein gewisser nordenglischer Schauspieler zum x-ten Mal ins Gras beißt. Und das ist auch alles schön und gut, wenn unser Publikum nur dasitzen und sich berieseln lassen möchte. Aber was passiert, wenn das Publikum sich selbst einbringen will? Selbst den Plot in eine vollkommen andere Richtung lenken möchte? Oder wenn es gar sagt: „Scheiß auf den Plot! Ich will nur looten und leveln und anderen Spielern im PvP in den Arsch treten!" Ja, manche Spieler werde eure liebevoll erdachte Plotstruktur mit Freuden in Brand stecken, nur um sich am Feuer ein wenig die Zehen zu wärmen.

Der Auftritt des Spielers

Fügen wir einen Spieler zu E. M. Forsters Definition hinzu. Der König starb, weil er ein Zwischenboss war, der vom Spieler getötet wurde. Die trauernde Königin schwört Rache und hetzt dem Spieler die gesamte Armee des Königreichs auf den Hals. Einschließlich zahlloser Söldner, Barbaren, Monster und anderer Freaks, die sie aus irgendwelchen Löchern rekrutiert hat. Der Spieler schlägt eine blutige Schneise durch die grausamen Horden bis er schließlich der Königin gegenübersteht. Sie ist der Endgegner, eine mächtige Nekromantin, die ihre Seele an eine finstere Gottheit verkauft hat. Es folgt der finale epische Kampf, bei dem der Spieler sie tötet und selbst die Herrschaft über das Königreich übernimmt.

Der König starb, weil der Spieler ihn getötet hat. Die trauernde Königin starb, weil sie den Spieler aus Rache töten wollte. Wie ihr seht, sind alle Elemente der Story vorhanden – der Tod von König und Königin – doch es ist der Spieler, der den Plot vorantreibt.

Wie schnell Spieler einen Plot in Stücke reißen und nach eigenen Vorstellungen wieder zusammenflicken, zeigt die TV-Serie *Westworld* aus dem Jahr 2016. Diese unterteilt die Spieler treffend in zwei verschiedene Typen: Diejenigen, die nach den Regeln spielen wollen, und jene, die einfach nur spielen wollen. Der Handlungsstrang rund um William und Logan verdeutlicht eindrucksvoll die Unterschiede zwischen diesen beiden Spielertypen.

William ist der geborene Rollenspieler, jemand der sich in den fantastischen Elementen der Geschichte verlieren möchte. Er will der edle Ritter sein. Er will sich verlieben. Er will die NPCs und ihre Welt verstehen. Er will Beziehungen aufbauen. Er will vollständig in der Rolle eines Wild-West-Cowboys aufgehen.

Logan ist ein Power Player, der sich an seinen eigenen Machtphantasien aufgeilt. Er will jede Menge Sex haben und jede Menge Leute abknallen. Er will den NPCs und der gesamten virtuellen Welt seinen Willen aufzwingen. Er will nach eigenen Regeln spielen, nicht nach denen, die das Spiel ihm vorschreibt.

Der Rollenspieler und der Power Player sind Spielertypen, die es wirklich gibt. Deswegen müsst ihr wissen, welcher der beiden euer Spiel am ehesten spielen wird. Ist es William, ist Plot eine Option. Sollte es aber Logan sein, könnt ihr den Plot vergessen und euch auf die Spielmechanik und die Story konzentrieren.

Wollt ihr ein im traditionellen Sinn „handlungsgetriebenes" Spiel machen, solltet ihr euch einen Autor suchen, der sich gut mit Plotstruktur auskennt. Ein Romanautor, ein Drehbuchautor oder ein Storyliner für Fernsehserien ist in diesem Fall die richtige Wahl. Nehmen wir *Telltale Games* als Beispiel: Deren Spiele sind eigentlich Geschichten, bei denen Spieler ihrem eigenen Lösungsweg folgen. Natürlich muss man dabei jede Menge Verzweigungen bedenken und zahlreiche folgenschwere Entscheidungen ausbalancieren, aber letztlich verläuft auch eine verzweigte Handlung linear. Anstatt eines Handlungsstrangs muss man eben mehrere schreiben, das war's.

Dasselbe gilt für ein Spiel wie *Oxenfree*. Im Kern verläuft es vollkommen linear – ein paar Teenager landen auf einer Insel und müssen ein unheimliches Geheimnis lüften. Auf klassische „König stirbt und Königin stirbt vor Trauer"-Art führt ein Ereignis zum nächsten.

Die Dialoge in *Oxenfree* verlaufen jedoch definitiv *nicht* linear. Was Alex zu Jonas, Ren, Nona und Clarissa sagt, beeinflusst ihre Beziehungen auf vielfältige Weise. Einstellungen ändern sich. Figuren offenbaren unterschiedliche Aspekte ihres Charakters und ihrer Hintergrundgeschichte. Dennoch bleibt der zugrundeliegende Plot gleich. Clarissa wird immer noch von Geistern besessen und man schreitet immer noch durch ein geisterhaftes Dreieck in ein Paralleluniversum. All das muss passieren. Diese Geschehnisse sind fester Bestandteil des Plots und nichts, was die Spieler sagen oder machen, wird daran etwas ändern.

Doch was passiert, wenn unser Spiel nicht vom Plot angetrieben wird? Nun, dann wird es für Narrative Designer wie mich erst richtig interessant. Denn für einen solchen Job braucht es definitiv einen Narrative Designer – keinen Roman- oder Drehbuchautor. Deren perfekt linear denkende Gehirne würden mit Sicherheit explodieren. Stattdessen benötigt ihr jemanden, der eine Konfetti-Kiste voller Story-Stücke liefern und sie danach über das ganze Spiel verstreuen kann. So erzeugt man ein „Story-Erlebnis".

Story-Erlebnis?

Ich habe einmal gehört, wie jemand das Narrative Design eines Spiels mit der Planung eines Freizeitparks verglichen hat. Schließlich sind viele der Attraktionen in einen Story-Kontext eingebettet – ein absolutes Muss für jedes Gruselkabinett und jede Geisterbahn. Besitzer einer Eintrittskarte *erleben* diesen Kontext und werden für kurze Zeit zu einem Teil jener kleinen, in sich geschlossenen Welt.

Das alles abstrakt zu erklären, ist ganz schön kompliziert. Also wollen wir konkret werden, am besten anhand eines meiner Lieblings-Indie-RPGs: *Darkest Dungeon*.

Das Rogue-like-RPG *Darkest Dungeon* ist komplett darauf ausgelegt, in eine von H.P. Lovecraft inspirierte Welt einzutauchen, mit Haaresbreite am sicheren Tod vorbeizuschrammen und dabei komplett durchzudrehen. Es gibt keinen Plot abgesehen von „überambitionierter Irrer gräbt, wo er nicht graben sollte, und befreit ein uraltes Übel, das Unheil über alles bringt". Klingt jetzt schon wie 100 andere Spiele, Geschichten und Romane, oder? Und tatsächlich wäre *Darkest Dungeon* nicht anders geworden, hätten die Entwickler nicht kurz innegehalten und gesagt: „Plot, Schmot! Bieten wir dem Spieler lieber ein Erlebnis mit ganz viel Story!" Ich bin mir sicher, dass das nicht ihre genau Wortwahl war, dennoch zieht sich die Essenz dieser Aussage durch fast jedes Element von *Darkest Dungeon*.

Darkest Dungeon nutzt seine Welt, Glyphen und Dialoge, um die Spieler vollkommen in die Story hinzuziehen. Und das ohne jemals von ihnen zu verlangen, irgendeiner Art von Plot zu folgen. Sobald Spieler einem Plot folgen, sind sie in ihrer Entscheidungsfreiheit eingeschränkt. Die Einschränkungen in *Darkest Dungeon* sind rein mechanisch, nicht narrativ. Man kann sich jederzeit mit jedem Element des Spiels beschäftigen – natürlich immer im Rahmen dessen, was zu jenem Zeitpunkt freigeschaltet ist. Auf die genauen Details werden wir später näher eingehen. Zunächst wollen wir unsere Zehenspitzen in dieses narrative Blutbad tauchen und ein Gefühl dafür bekommen, wie *Darkest Dungeon* genau funktioniert.

Darkest Dungeon definiert Fortschritt anhand des Levels eurer Charaktere, deren körperlicher und geistiger Gesundheit sowie mithilfe der Ausbaustufe eures Dorfs. Denn letztlich ist euer Dorf genauso ein Rollenspiel-Charakter wie jene Abenteurer, die es als Basislager für ihre Expeditionen nutzen.

Diese Abenteurer sind genau jene von Schicksal gebeutelte Wesen, die man in allen Lovecraft-inspirierten Horror-Geschichten findet:

Der Hundemeister – „Ein Mann des Gesetzes und sein treues Tier. Eine durch Kampf und Blutvergießen gestählte Verbindung."

Der Aussätzige – „Dieser Mann hat verstanden, dass Dasein und Elend ein und dasselbe sind."

Die Antiquarin – „Sie sucht, wo andere nicht suchen wollen. Und sieht, was andere nicht sehen wollen."

Mehr Backstory gibt es nicht. Und mehr Backstory braucht ein Spiel wie *Darkest Dungeon* auch gar nicht. Jeder Abenteurer ist ein Lehmklumpen, den die Spieler formen können. Verschiedene Sorten Lehm mit unterschiedlichen Eigenschaften, aber mit genug gestalterischem Freiraum, damit die Spieler ihnen eine Persönlichkeit zuschreiben und eigene Erfahrungen damit sammeln können.

Doch woher kommen diese Persönlichkeiten und Erfahrungen? Nun, zum Großteil entstehen sie durch all die Schrecken, denen sich die Abenteurer in den uralten Tiefen entgegenstellen. Furchterregende Ungeheuer, unheilige Flüche, widerliche und juckende Krankheiten sowie die allgegenwärtige Finsternis.

Darkest Dungeon benötigt keine Charakterentwicklung und keine Plot-Tricksereien. Stattdessen gibt es Spielmechanik. Jeder Abenteurer verfügt über eine Stress-Anzeige. Wenn der Stress-Level zu hoch ist, dreht der Abenteurer durch und erkrankt an einer mehr oder minder sonderbaren psychischen Störung. Eigensinn, Masochismus, Hoffnungslosigkeit, Irrationalität und Paranoia – die Liste dieser Leiden ist lang. Und das Ergebnis? Die Abenteurer fangen tatsächlich an, sich im Kampf anders zu verhalten. So stürmt ein „Masochist" aus eigenem Antrieb an die Front, um möglichst viel Schaden auf sich zu ziehen. Ein sich „hoffnungslos" fühlender Abenteurer entscheidet sich vielleicht dazu, seinen Zug einfach auszusetzen. Ein „verängstigter" Recke sucht Schutz in der letzten Reihe und brabbelt so furchterfüllt vor sich hin, dass er den Stress-Level seiner Mitstreiter steigert. Dagegen treibt ein „ausfallender" Abenteurer die Stress-Level seiner Kumpane mit abfälligen Bemerkungen in die Höhe.

Kurz gesagt: Der Story-Kontext eines jeden Charakters wird mithilfe der Spielmechanik und durch kurze Textblasen ausgedrückt. Kein teures Voiceover – abgesehen vom wunderbar unheimlichen Erzähler – und kein Plot, dem es zu folgen gilt. Dennoch sind die Beziehungen innerhalb einer Gruppe so komplex und deutlich wie bei einer Seifenoper.

Rogue-like RPGs sind für ihre prozedural generierten Umgebungen und Kämpfe bekannt. *Darkest Dungeon* kennt man wegen seiner prozedural generierten Story.

Nichtlineares Denken

Doch wie *schreibt* man so etwas?

Zuallererst müsst ihr in eurem Plot-Gehirn sämtliche Lichter ausschalten, abgesehen von der Schreibtischlampe in der „Ursache und Wirkung"-Abteilung. Dann fangt ihr an, kurze Textschnipsel zu schreiben, manchmal nur eine Zeile. Damit beschreibt ihr ausgesuchte Ursache/Wirkung-Momente in eurem Spiel.

Sehen wir uns dazu ein paar Dialogzeilen aus *Path of Exile* an. Einzelne Spieler-Charaktere sprechen diese Texte, wenn sie ein neues Gebiet betreten oder nachdem sie einen besonderen MOB oder Boss getötet haben.

Die Hexe

Nachdem sie Hillock getötet hat:

Zu dumm, um zu begreifen, dass er bereits tot war.

Beim Betreten des Kriegsschein:

Sieht so aus, als seien die Gläubigen bereits an ihrem „besseren Ort".

Nachdem sie Fidelitas getötet hat:

Was für eine hübsche Kreatur!

Beim Betreten von Akt 3, der Stadt Sam:

Eine große, tote Stadt. So mag ich's am liebsten.

Beim Betreten der Kanalisation:

Die Menschen sind verschwunden, doch ihr Gestank ist geblieben.

Beim Betreten des Marktplatzes:

Schreie über Schreie, so sanft wie das leiseste Flüstern.

Beim Betreten der Katakomben:

Die „Ehrenwerten" verscharren ihre Geheimnisse gerne tief.

Beim Betreten der Ebenholz-Kaserne:

Die Verdammnis kennt keine Wut wie die einer verschmähten Hexe.

Diese Zeilen sind in ganz *Path of Exile* verteilt, doch jede ist Teil eines Puzzles, das den Charakter der Hexe ergibt. Über sie als „Person" erfahren wir erst etwas, wenn sie auf bestimmte Elemente der Spielwelt reagiert. Diese Momente bieten uns zudem die Gelegenheit, der Umgebung etwas mehr Bedeutung zu verleihen. Wir können Gestank und Gerüche beschreiben, die sich sonst nicht darstellen lassen. Wir können Erkenntnisse über Kulturen vermitteln, die sonst nur Schriften, Flavor-Texte oder Umgebungselemente liefern können.

„Die Verdammnis kennt keine Wut wie die einer verschmähten Hexe."

Dieser Satz verweist auf das bekannte englische Sprichwort: „Hell hath no fury like a woman scorned." Es schwingt ein Hauch von „weiblicher Rache" mit. Außerdem bezieht sich der Satz auf die bösen Templer. Diese patriarchal-religiösen Fanatiker schicken Hexen gerne mithilfe brennender Scheiterhaufen in die „Verdammnis". Jupp, ein liebenswerter Haufen, diese Templer von Oriath. Eine Kreuzung aus christlich-evangelikalen Fanatikern und der Spanischen Inquisition.

„Die ‚Ehrenwerten‘ verscharren ihre Geheimnisse gerne tief."

Genau, wieder ein Verweis auf die andächtige Heuchelei der Templer.

Jeder Spieler-Charakter in *Path of Exile* verfügt über fast 100 Dialogzeilen, mit denen er oder sie auf die Spielumgebung und auf Monster reagiert. Allesamt sind sie darauf ausgelegt, den Spielern mehr über die Persönlichkeit der Figur zu vermitteln. Da es sieben Spieler-Charaktere gibt, reden wir also von ungefähr 700 Dialogzeilen. Das ist ein ganz schöner Haufen narratives Konfetti! Doch fügt man dies im Lauf des Spiels zusammen, ergeben sich daraus sieben komplett ausgearbeitete Charaktere mit ganz eigenen Sichtweisen auf ihre Reise durch Wraeclast und darüber hinaus.

An späterer Stelle werden wir uns ausführlich mit gesprochenem Dialog beschäftigen und damit, wie dieser in Spielen grundlegend anders funktioniert als in anderen Medien. Doch zunächst möchte ich euch klarmachen, wie der dahinterstehende Narrative-Design-Prozess funktioniert.

Wenn wir ein Skript mit 100 Zeilen Reaktionen verfassen wollen, dann sehen wir uns jede Spielumgebung für sich an und schreiben dazu jeweils eine Zeile nach der anderen. Dasselbe gilt für Bemerkungen über getötete Bossgegner, ein volles Inventar oder fehlendes Mana. Jede Zeile entsteht aus dem Kontext, in dem der Spieler-Charakter sie spricht.

Templer-Spieler-Charakter – „Ich bin kein Packesel."

Bei *Path of Exile* ist es möglich, ein wenig Charakterentwicklung zu zeigen, weil es eine grobe Reihenfolge gibt, in der die Spieler Gebiete betreten und Bossgegner töten können. Durchläuft der Spieler das Spiel wie „erwartet", kann man sogar eine Art Plot entwickeln.

Doch wenn es um das Verhalten der Spieler geht, bedeutet „erwartbar" nicht dasselbe wie „berechenbar". Sicher, man kann das Spiel ausführlich testen und wie ein Seher in den Eingeweiden der Backend-Statistik lesen. Doch sobald es auch nur einen Hauch von Freiheit im Spiel gibt, werden Spieler die Dinge in der Reihenfolge angehen, die ihnen am praktischsten und unterhaltsamsten erscheint.

Manche Bosse kann man umgehen, anstatt sie zu töten. Manche optionalen Gebiete betreten Spieler vielleicht erst, nachdem sie alle Hauptgebiete abgeschlossen haben. Quest-Gegenstände werden möglicherweise mehrere Akte lang mitgeschleppt, bevor sie dem richtigen NPC übergeben werden. Also muss jede Dialogzeile für sich Sinn ergeben, während sie gleichzeitig Teil eines großen Ganzen ist, das zur Persönlichkeit des Spieler-Charakters passt.

Um das zu schaffen, brechen wir unser hübsches lineares Lineal entzwei und legen die beiden Hälften wie Schlagzeugstöcke links und rechts auf unseren Schreibtisch – und dann konzentrieren wir uns auf das, was wirklich wichtig ist.

Thema und Tonalität

Der Duellant

Als er am Strand aufwacht:

„Sand und der ferne Geruch des Todes. Ich glaube, ich habe meine neue Arena gefunden."

Nachdem er Hillock getötet hat:

„Zweimal so groß, zweimal so tot."

Beim Betreten des Südwaldes:

„Es tut gut, die Sonne wieder auf dem Gesicht zu spüren."

Beim Betreten der (Kriegsschrein) Krypta:

„Riecht nach Staub und toter Verehrung."

Nachdem er Fidelitas getötet hat:

„Ich bin mir nicht sicher, ob ich gerade einen Menschen getötet oder einen Käfer zerquetscht habe."

Beim Betreten der Stadt Sam:

„Dies muss einst eine wahrlich prächtige Stadt gewesen sein."

Thema = Ruhm.

Er ist davon besessen, immerwährenden Ruhm zu erlangen.

Tonalität = schlagfertig und unbeschwert.

Er ist charmant und möchte andere unterhalten.

Sind Thema und Tonalität einmal festgezurrt, weiß man ziemlich genau, wie der Duellant sich in bestimmten Situationen verhalten wird. Er lobt in den Himmel, was er mag, und macht Witze über das, was ihm nicht gefällt. Doch als ihm die blutigen Folgen seines Strebens nach Ruhm bewusstwerden und er dessen Sinnlosigkeit begreift, verlieren seine Lobpreisungen an Enthusiasmus, wohingegen sein Humor immer schwärzer wird.

Der Duellant sieht Wraeclast als riesige Arena, geschaffen um sich ein Denkmal zu setzen. Damit erinnert er an Logan und verkörpert den Power Player innerhalb des Spiels. Das ist seine Story. Dies erschließt sich dem Spieler, während er den Duellanten durch dessen blutiges Exil begleitet.

Doch selbst in einem Spiel wie *Path of Exile* fehlen Plots nicht vollständig. Egal, wie sehr ein Spiel auf die Mechanik ausgerichtet ist, gibt es meist doch Platz für ein paar Mini-Plots in Form von „Quests".

Quests

Tarkleigh

Beim Erteilen der Quest „Drecksarbeit" (falls der Spieler den Fäulnistümpel noch nicht betreten hat):

„Falls du Lust hast, hab' ich einen Job für dich. In der Nähe der Morastebenen gibt es einen Tümpel, den sich jemand mal ansehen sollte. Du wirst ihn riechen, bevor du ihn siehst. Stinkt wie eine Leiche im Hochsommer. Aber das ist nicht mal das Schlimmste.

Dort laufen tote Vögel herum. Doch die Tiere erwachen nicht auf dieselbe Art zum Leben wie die Menschen hier. Wenn sie also nicht von selbst auferstehen, was erweckt sie dann? Die Antwort findest du im Fäulnistümpel.

Säubere den ganzen Ort und töte, was auch immer diese Rhoas zum Leben erweckt. Wir müssen uns schon mit genug lebenden Toten herumschlagen."

Beim Abschließen der Quest „Drecksarbeit":

„Ein Nekromant? Nur der eine? Klingt so, als hätte der Bastard ganz leicht den Verstand verloren und sich dazu entschlossen, sich ein paar Schoßtiere zu erschaffen.

Tja, trotzdem schön zu sehen, dass du kein Problem damit hast, dir die Hände schmutzig zu machen. Hier … so wird aus Drecksarbeit saubere Arbeit."

Ein einfacher Plot.

1. Wir haben ein Problem. Bitte löse es für uns.
2. Danke, dass du unser Problem gelöst hast. Hier ist deine Belohnung.

Quests, Missionen und Mini-Plots können für Spieler eine bitternötige Orientierungshilfe sein. Wenn in einem Spiel „alles" möglich ist, ist es für Spieler oft schwierig genau zu wissen, was sie als Nächstes tun *sollen*. Freiheit kann manchmal überfordern und wir wollen schließlich nicht, dass unsere Spieler am Ende gar nichts tun und das Spiel ausschalten bzw. sich daraus ausloggen.

———

Sehen wir uns *Splash* von Runaway etwas genauer an. Im Prinzip handelt es sich um ein Aufbauspiel, bei dem man ein Riff in ein Zuhause für niedliche und exotische Fische verwandelt. Um den Spieler bei diesem Vorhaben zu unterstützen, stellt ihm *Splash* eine junge Schildkröte zur Seite, die sowohl als Quest- als auch als Ratgeber dient.

Füttere Deine Fische 5-mal.

Titel	Meine erste Mission
Intro	(Erscheint, nachdem man im Tutorial gelernt hat, auf die Schildkröte zu tippen, wenn man eine Mission starten möchte.) S: Bereit? Wohlgenährte Fische wachsen, bis sie groß genug sind, um ins Hauptriff entlassen zu werden.
Outro	S: Du hast es geschafft! Hier hast Du ein paar Steine, mit denen wir mehr Kaiserfisch-Babys züchten können.

Siedle den Zwergkaiserfisch im Riff an, indem Du 5 aus der Zucht entlässt.

Titel	Kaiser des Riffs
Intro	S: Wir können sogar ganze Fischschwärme im Riff ansiedeln! Dazu müssen wir nur genug von jeder Spezies aus der Zucht entlassen.
Outro	S: Gerade haben wir unseren ersten Kaiserfisch-Schwarm im Riff angesiedelt. Das ist so super!

Brüte das Ei der zweiten Kaiserfischspezies aus.

Titel	Knüpfe neue Freundschaften
Intro	S: Wir können neue Kaiserfische züchten! Sie sind die Putzkolonne des Riffs und fressen fiese Algen auf.
Outro	S: Hallo mein Kleiner! Das Riff erstickt fast in Algen, da ist es bestimmt froh, dich zu sehen.

Fülle Dein Zuchtbecken mit 9 verschiedenen Spezies.	
Titel	Neun Leben
Intro	S: Stell Dir unser Zuchtbecken als einen Probelauf für die Wildnis vor. Dabei lernt jeder, wie man zusammenarbeitet und miteinander umgeht.
Outro	S: Du bist ein Naturtalent! Hier sind ein paar Münzen, damit alle satt und glücklich sind.

In Aufbauspielen sind solche Quests dazu da, die Aufmerksamkeit der Spieler auf bestimmte Dinge zu lenken. Zudem lassen sie sich leicht nacheinander „abhaken", was Spielern das Gefühl gibt, etwas erreicht zu haben. Ebenso erlauben sie Spielern, eine Beziehung zum Quest-Geber aufzubauen, was wiederum ihre Bindung ans Spiel stärkt.

Doch auch hier handelt es sich wieder um optionale Quests, welche die Spieler jederzeit erledigen können aber nicht müssen. Das bedeutet, dass jede Quest einen abgeschlossenen Mini-Plot bieten muss, der sich wenig oder gar nicht auf andere Missionen auswirkt. Falls der Abschluss einer Quest eine andere freischaltet, kann ein wenig Plot jedoch nicht schaden.

Entlasse 5 Zebra-Seepferchen aus der Zucht.

Titel	Lichte den Nebel
Intro	S: Ein dichter Nebel aus Zooplankton verdeckt die Sonne über dem nördlichen Riff. Schnell, wir brauchen da draußen ein paar Seepferchen!
Outro	S: Toll! Diese kleinen Abenteurer werden das Zooplankton in Nullkommanix weggeschlürft haben. Bon appetite, Jungs!

Brüte zwei Exemplare der zweiten Seepferdchen-Spezies aus.

Titel	Ein Hilferuf
Intro	S: Die Seepferdchen aus dem nördlichen Riff haben sich gerade gemeldet. Sie ersticken in Zooplankton! Wir müssen ihnen jemand zur Unterstützung schicken!
Outro	S: Giraffen-Seepferdchen?! Könnten das die süßesten kleinen Zooplankton-Mampfer aller Zeiten sein?

	Sorge dafür, dass die Seepferdchen-Schwärme „gedeihen".
Titel	Wachsen und gedeihen
Intro	S: Unseren Seepferchen-Schwärmen geht es schon recht gut. Wollen wir doch mal sehen, ob sie bald wieder so gedeihen wie vor dem Sturm.
Outro	S: Der Seepferchen-Schwarm ist jetzt sogar noch größer und prächtiger als vor dem Sturm! Die Seepferdchen sind super zufrieden mit uns!

Manchmal ist das genau so viel Plot, wie ein Spiel benötigt. Genug um die Spieler in die richtige Richtung zu lotsen und ihnen ein Ziel zu geben, auf das sie hinarbeiten können.

Und der Rest? Das ist Story!

Letzte Worte

Lasst mich dieses Kapitel mit ein paar aufmunternden Worten abschließen. Die ganze „Plot vs Story"-Geschichte zu verstehen dauert seine Zeit – besonders wenn man mit linearen Filmen, Serien, Comics und Romanen groß geworden ist. Selbst nichtlinearen Filmen wie *Pulp Fiction* können einen nicht auf die Herausforderungen vorbereiten, die Narrative Design so mit sich bringt.

Trotzdem ist das Ganze gar nicht so schwer, wenn man sich auf einfache Ursache/Wirkung-Momente konzentriert. Etwas passiert, etwas anderes ist die Folge. Kein großer Unterschied zum wahren Leben, zu dem wir uns ständig einen eigenen Plot zusammenfantasieren. Denn wie viele von unseren Lebensplänen verlaufen tatsächlich nach Plan? Ziemlich genau … gar keiner.

Außer man ist ein totaler Kontrollfreak, aber selbst dann liegt die Erfolgsquote bestenfalls bei 50 Prozent.

Jedes zufällige Ereignis und jede darauffolgende Reaktion hat für sich genommen eine Bedeutung. Doch diese kann vollkommen anders sein, wenn man all jene Ursache/Wirkung-Momente als Teil eines großen Ganzen betrachtet.

Zu guter Letzt habe ich noch eine Frage zu den Narrative-Design-Bedürfnissen eures Spiels für euch. Genauer gesagt, ob ein Plot oder einer Story am besten dazu passen:

Welche dieser Metaphern entspricht am ehesten dem Erlebnis, das ihr euren Spielern bieten wollt?

Ein spannender Bestseller, bei dem jede Seite mit neuen Hinweisen gespickt ist, die den Leser tiefer in ein großes Geheimnis hineinziehen, das schließlich im finalen Kapitel aufgeklärt wird.

Oder ein ausgeklügeltes Puzzle, bei dem der Spieler sowohl von der Kunstfertigkeit der einzelnen Teile fasziniert ist als auch vom vollendeten Werk selbst.

Das erste Beispiel ist Plot, das zweite ist Story. Die Qual der Wahl, liebe Indie-Entwickler, liegt bei euch.

KAPITEL 3

CHARAKTERE – BRAUCHT MAN SIE?

Nachdem ich diese Frage geschrieben habe, ist mir eins klargeworden. Ich weiß überhaupt gar nichts über euer Spiel, weshalb ich im Grunde nichts anderes gefragt habe als: „Warum ist die Banane krumm?" Meine Antwort auf diese Frage lautet meistens: „Wie groß sind deine Hände?" oder „Hast du's schon mit Klebeband versucht?"

Aber wisst ihr was? Auf „Charaktere – Braucht man sie?" lautet meine Antwort ganz klar: „Ja!" Und nun werde ich den Rest meiner Lebenszeit darauf verwenden, mich aus dieser Ecke wieder heraus zu argumentieren.

Okay, wie wäre es damit: Wenn es in einem Spiel keine Charaktere gibt, wird *das Spiel selbst* zum Charakter!

Über ein Spiel wie *Nightgate* könnten wir leicht behaupten, dass nichts darin auch nur im Entferntesten einem Charakter ähnelt. Natürlich lägen wir mit dieser Behauptung falsch. In *Nightgate* reist man durch ein digitales System, in dessen Inneren man Verteidigungsanlagen ausweicht, Verbindungsknoten aktiviert und immer tiefer in die Matrix hineintaucht bis man ihr künstliches Herz erreicht hat. Seht ihr … ich habe „Herz" geschrieben. Alles, was ein Herz besitzt, lebt auf eine bestimmte Weise. Und wenn es lebt – wenn auch nur im metaphorischen Sinn – muss es ein Charakter sein. Selbst MOBs sind Charaktere, doch das ist ein Thema für ein anderes Kapitel in einem anderen Buch.

In *Nightgate* ist das System selbst der Charakter, ein eiskalter, berechnender Killer. So scheint es zumindest zu Beginn. Doch während man tiefer in das System vordringt, spürt man, wie es immer hektischer und verzweifelter versucht, einen aufzuhalten. Die Verteidigungsmechanismen werden immer ausgeklügelter, ihre Bestandteile zahlreicher und ihre Bewegungen immer schneller. Man merkt, wie das System sich von einer teilnahmslosen Vernichtungsmaschine zu einem verängstigten Antagonisten wandelt, der sein Ende langsam kommen sieht.

Oder findet all das nur in unseren Köpfen statt? Erfinden wir einen Charakter, der gar nicht wirklich da ist? Machen wir aus einem Haufen abstrakter Spielregeln eine Person?

Wahrscheinlich.

Es ist nämlich so: Wir Menschen lieben das Konzept „Mensch" so sehr, dass wir in allem einen Menschen sehen möchten. Wir sind wie Tom Hanks, der auf einer einsamen Insel ein Gesicht auf einen Volleyball malt, nur damit er jemanden hat, mit dem er reden kann. Seht euch nur die gigantische Anzahl an Kinderbüchern und -filmen an, die aus Tieren Quasi-Menschen machen. Mickey Mouse, Peppa Pig, Winnie the Pooh, Bugs Bunny … und von *Zoomania* oder der *Madagascar*-Reihe brauchen wir gar nicht erst anfangen. Dann gibt es noch *Cars, Planes, Thomas die Lokomotive* und all die mechanischen Freunde von Bob dem Baumeister. Die Sonne und der Mond werden regelmäßig vermenschlicht und seit Jahrtausenden verehren wir Naturkräfte als Gottheiten und verleihen ihnen ein menschliches Antlitz.

Ein Doppelpunkt, ein Bindestrich und eine Klammer. Unglaublich, ein Gesicht!

:-)

Eure Spieler werden in eurem Spiel immer einen Charakter „entdecken", ob ihr wollt oder nicht. Deshalb ist es in jedem Fall besser, wenn ihr von vornherein wisst, wer dieser Charakter ist und ihn entsprechend anlegt. Entwickelt einen Charakter, den die Spieler lieben oder hassen – am besten beides.

Sehen wir uns dazu ein Spiel an, in dem es nur wenige Charaktere gibt, von denen jedoch einer in fast allen Spielelementen spürbar ist.

Sorry. Falls ihr nicht wollt, dass ich euch die Geschichte von *Machine for Pigs* verderbe, solltet ihr während der folgenden Absätze lieber die Augen zumachen.

In *Machine for Pigs* gibt es einen Hauptcharakter, den Protagonisten, doch der ist nicht die *wichtigste* Figur im Spiel. Die Söhne des Protagonisten sind ebenfalls nicht die wichtigsten Charaktere, genauso wenig wie die ruchlosen Schweinemenschen. In *Machine for Pigs* ist die Maschine selbst der Hauptcharakter. Einer, der ebenso rational wie böse ist. Tatsächlich ist seine absolute Rationalität sogar die Ursache für seine Bösartigkeit.

Die Maschine wurde für einen ganz bestimmten Zweck konstruiert, den sie unbedingt erfüllen möchte. Und welcher ist das? Nun … die Maschine ist das größte Steampunk-Schlachthaus aller Zeiten. Zu welch anderem Zweck als zur massenhaften Schlachtung könnte sie also erdacht worden sein?

Kleine Randnotiz: Als Vegetarier konnte ich die harsche Kritik an der Fleischindustrie einfach nicht übersehen.

Es zeigt sich schnell, dass das Spiel und die Maschine in *Machine for Pigs* ein und dasselbe sind. Man legt Hebel um, lässt Sicherungen durchbrennen und benimmt sich überhaupt wie der schlimmste Saboteur, nur um die Maschine zu beschädigen und zu zerstören. Wobei „töten" der passendere Ausdruck wäre. Denn man fühlt sich die ganze Zeit, als würde man im Inneren von etwas Lebendigem herumfuhrwerken – als wäre man im Körper einer riesigen Person.

Und schon wieder habe ich es getan: Ich habe etwas vermenschlicht, das weder Seele noch Bewusstsein hat. Doch in diesem Fall haben The Chinese Room – die Macher von *Machine for Pigs* – mir diese Persönlichkeit vorgegeben. Die Maschine, das Spiel, die Person sind alle dasselbe. Zerstöre die Maschine, gewinne das Spiel, töte den „Bösewicht". Drei ziemlich unterschiedliche Interpretationen für dieselbe Sache.

Okay, nun aber an die Arbeit. Wie entwerft ihr als Indie-Entwickler so einen allgegenwärtigen Charakter? Am besten seht ihr euch in einem ersten Schritt andere Indie-Spiele an und versucht, deren „Persönlichkeiten" zu entschlüsseln.

Das Wild-West-Aufbauspiel *1849* ist ein ehrlicher, fleißiger und trinkfreudiger Pionier. Ohne erhobene Nase, nur eine wettergegerbte und pragmatische Seele, die mit dem Abbau von Rohstoffen ihren Lebensunterhalt verdienen möchte.

Das zeitbasierte Text-Adventure *Lifeline* ist ein vollkommen überforderter Geek, der mit seiner Lage überhaupt nicht mehr zurechtkommt. Dennoch gibt er nicht auf und versucht mit vorgetäuschtem Selbstvertrauen und viel Rumgejammer zu überleben.

Oxenfree ist eine Jugendliche aus den 80er Jahren, die sich unbedingt erwachsen und unabhängig fühlen möchte. Doch als die Welt sich als wesentlich seltsamer herausstellt, als ihr besserwisserisches Selbst es verkraftet, wird ihr klar, dass sie immer noch ein Kind ist.

Sobald ihr also wisst, *wer* euer Spiel ist, welchen Charakter es hat, wisst ihr auch, welche Art von Beziehung ihr zwischen eurem Spieler und eurem Spiel erzeugen wollt. Wird sie von Freundschaft und Hilfsbereitschaft geprägt sein? Oder von Feindschaft? Mag euer Spiel gesunden Wettbewerb oder erfreut es sich diebisch an Kontrolle und Unterdrückung?

Nachdem ihr den Charakter eures Spiels festgelegt habt, könnt ihr euch überlegen, ob ihr noch weitere Charaktere benötigt, die diesen Grundcharakter unterstützen oder ihn in Frage stellen.

Das klang gerade ganz schön verwirrend, weshalb ich die zwei grundlegend verschiedenen Versionen von „Charakter" ab nun auf zwei unterschiedliche Arten bezeichnen möchte:

Makro-Charakter = Die vermenschlichte Version eures Spiels. Wenn euer Spiel eine Person wäre, welche wäre sie dann?

Mikro-Charakter = Jeder Charakter, der eure Spielwelt bewohnt. Spieler- und Nicht-Spieler-Charaktere, die den Makro-Charakter unterstützen oder ihn in Frage stellen.

Reden wir nun über den wichtigsten Mikro-Charakter, den man immer am Schwersten hinbekommt.

Der Spieler-Charakter

Der Spieler-Charakter ist die Figur im Spiel, die der Spieler selbst steuert. Er ist das Haupt-User-Interface, über das der Spieler mit der Spielwelt interagiert.

Liste Eins: Lara Croft, Booker DeWitt, Stanley (Angestellter 427), Taki, Geralt

Liste Zwei: Die Hexe, der Dämonen-Jäger, Jack, der Reisende, der Bandit

Erkennt ihr den Unterschied zwischen diesen beiden Listen?

Keine Sorge, falls nicht. Die Abgrenzung ist ziemlich subtil, aber äußerst wichtig.

Liste Eins besteht aus vollständig ausgearbeiteten Charakteren. Sie verfügen über eine Hintergrundgeschichte, eine Persönlichkeit, eine Motivation, ein Geflecht aus zwischenmenschlichen Beziehungen und erwartbare Verhaltensmuster. Sie sind so sehr in Stein gemeißelt wie James Bond oder Batman. Natürlich können diese Charaktere neuinterpretiert werden, wie es bei Batman oder Lara Croft auch geschehen ist. Letztlich muss der Spieler aber doch eine mehr oder weniger vorgegebene Rolle spielen und in ziemlich große Fußstapfen treten.

Diese Charaktere nenne ich Wysiwyg-Spieler-Charaktere von „What You See Is What You Get". In den meisten Fällen wird die Entwicklung dieser Charaktere vom Narrative Designer bestimmt, nicht vom Spieler. Reaktionen und Momente der Charakterentwicklung sind fest in die Erzählung des Spiels eingebaut.

Wenn man sich für einen Wysiwyg entscheidet, wandelt man auf einem schmalen Grat zwischen Videospielen und anderen Medien wie Film oder Fernsehen. Außerdem bietet der Wysiwyg-Charakter am wenigsten Potential für Immersion. Ja, man kann Geralt wie eine Rolle spielen, doch gibt es für Spieler kaum Möglichkeiten, ihre eigene Version von Geralt zu erschaffen. Ich kann mir gut vorstellen, dass Schauspieler dasselbe Problem mit James Bond haben. Gerne wollen sie die Rolle in eine interessante neue Richtung lenken, die der Charakter aber einfach nicht zulässt. Ein bisexueller oder schwuler James zum Beispiel? In *Ein Quantum Trost* kurz angedeutet, aber niemals bestätigt. Eine Frau als 007? Undenkbar.

Eine persönliche Anmerkung: Nach etwa einer Stunde Spielzeit habe ich aufgehört, *Witcher 3* zu spielen. Ich konnte Geralt einfach nicht leiden. Ich weiß, dass mir Millionen widersprechen würden, aber mir erschien er als langweiliges, unterkühltes Fantasy-Stereotyp. Booker DeWitt war schon eher nach meinem Geschmack. Ich fand ihn wesentlich interessanter und konnte mich viel besser mit ihm identifizieren. Doch das gilt nicht für jedermann. Das ist die große Gefahr, beim Entwerfen eines Wysiwyg-Charakters. Was passiert, wenn der Spieler ihn nicht leiden kann?

Im Gegensatz dazu sind die Charaktere in Liste Zwei deutlich schwieriger greifbar. Deswegen nenne ich sie „Flutschies". Wieso? Weil sie wesentlich formbarer als Wysiwygs sind. Über ihre Hintergrundgeschichte ist nur wenig bekannt, meist gibt es nur eine Erklärung für ihre Klassen-Attribute und warum sie überhaupt Teil der Spielwelt sind.

Der Schatten ist ein verurteilter Auftragsmörder, der ins Exil nach Wraeclast geschickt wurde. Der Bandit hat sich vom Verbrecher zum Abenteurer gewandelt und ist nun in eurem Dorf auf der Suche nach Ruhm und Reichtum. Der Reisende ... nun, er (oder sie?) scheint einer der Bewohner jenes uralten und verfallenen Landes zu sein, das man gemeinsam erkundet. Und scheinbar will er/sie zu diesem Berg in der Ferne reisen. Mehr wissen wir nicht.

Flutschies bieten Spielern einen Punkt zum Anknüpfen, einen Rahmen für ihre Vorstellungskraft. Doch der Rest ist ihrer Interpretation bzw. ihrem Charakter-Build überlassen. Es gibt immer noch die Möglichkeit, dramatische Schauplätze und Schlüsselmomente für die Entwicklung der Charaktere vorzugeben, doch generell sind diese deutlich spärlicher gesät als bei Wysiwygs. Deswegen liegt die Einstiegshürde für Entwickler und Spieler bei Flutschies wesentlich niedriger. Der Entwicklungsaufwand ist *deutlich* geringer und dank ihrer Flexibilität werden sie leichter zu dem, was die Spieler sich vorstellen.

Natürlich könnt ihr neben dem Spieler-Charakter weitere

Charaktere zu entwerfen, mit denen die Spieler interagieren können. Ihr müsst also nicht alles auf eine Karte setzen. Das kann bei der Spielerbindung helfen, besonders wenn der Spieler-Charakter ein Wysiwyg ist. So erhalten Spieler mehrere Gelegenheiten, sich mit einem Charakter im Spiel zu identifizieren.

Nicht-Spieler-Charaktere

Einfach gesagt, sind Nicht-Spieler-Charaktere alle „vernunftbegabten Wesen", denen die Spieler im Verlauf des Spiels begegnen. Sie können komplett 3D-animiert sein wie Edwin und Enoch in *Machine for Pigs*. Sie können aber auch körperlose Stimmen wie die Erzähler in *The Stanley Parable* oder *Dark Meadows* sein. Oder eine Text-Box wie die „Stimme in deinem Kopf" in *Ring Runner: Flight of the Sages*. Möglicherweise sind sie 2D-Charaktere im Stil einer Visual Novel so wie in *Space Miner: Ore Burst*. Oder sie sind einfach nur Charakterporträts mit Voice-Over oder Text-Boxen wie in *Galaxy on Fire 2*.

Aber wisst ihr was? Es spielt keine Rolle, welche Gestalt eure Charaktere annehmen, solange sie einigen wichtigen Prinzipien folgen. Natürlich nur, falls ihr auch möchtet, dass sie etwas taugen.

1. Funktion
2. Menschlichkeit
3. Beziehungen

Wenn ich von der *Funktion* eines NPCs spreche, meine ich seine spielmechanische Funktion und nicht seine narrative. Zum Beispiel: Versorgt euer NPC den Spieler mit Quests oder mit Hintergrundwissen über die Spielwelt?

Ist der NPC ein Questgeber, gehört er zu der Sorte von Charakteren, die den Spieler mit Missionen versorgen und seine Erfolge mit Boni oder Gegenständen belohnen. Falls der NPC

Hintergrundwissen vermittelt, müsst ihr zuerst klarstellen, dass er eine glaubwürdige Quelle für örtliche Legenden ist. Letztlich gibt es aber keinen Grund, warum euer NPC nicht beides und obendrein ein fahrender Händler sein kann – falls es in eurem Spiel überhaupt ein Wirtschaftssystem gibt.

Sehen wir uns Hargan aus *Path of Exile* etwas genauer an. Dazu möchte ich euch mein bevorzugtes Format für Charakterprofile vorstellen.

Hargan

Alter: Anfang 50

Kultur: Gesetzloser aus Oriath

Inspiration: Ray Winstone als Bors der Jüngere in *King Arthur* (2004)

Profil

Hintergrund:

Einst ein Hehler und Schieber aus Oriath, hat Hargan sich seine Überfahrt nach Sarn ergaunert. Dort hofft er, die Reichtümer der toten Stadt in bare Münze zu verwandeln.

Persönlichkeit:

Obwohl er nicht den hellsten Eindruck macht, ist Hargan aufmerksam, einfallsreich und scharfsinnig – ein echter Überlebenskünstler. Außerdem betätigt er sich als Amateur-Historiker mit dem Ziel, alles über die tragische Vergangenheit von Wraeclast zu erfahren. Wenn auch nur, um den Wert von Fundstücken besser einschätzen zu können.

Aktuelle Situation:

Hargan hat den Großteil des östlichen Sarns erforscht, wobei er Gefahren stets ausgewichen ist, anstatt sich ihnen zu stellen. Kommt es zu einem Kampf, rettet Hargan zuerst seine eigene Haut und bringt andere mit List oder barer Münze dazu, für ihn zu kämpfen. Hargans einziger positiver Charakterzug ist seine Loyalität. Um seine wenigen handverlesenen Freude zu beschützen, tut er alles, was in seiner Macht steht. Somit ist er zum „Großen Bruder" für all jene Verbannten geworden, welche die ärmlichen Holzhütten Sarns ihr Zuhause nennen. Er kümmert sich um die Nahrungsverteilung, plant die Verteidigung und sorgt für ein wenig Ordnung am Rande des Chaos.

Funktion:

1. Hargan ist ein Artefakt-Händler, spezialisiert auf magische Gegenstände wie Identifikationsrollen, Sphären und Gemmen.

2. Hargan bietet Neben-Quests an, die mit Fertigkeitsbüchern belohnt werden.

3. Hargan vermittelt Hintergrundwissen über die Geschichte Sarns und des Ewigen Reichs.

Und hier sind ein paar typische Aussagen von Hargan, die seine Funktionen deutlich zeigen:

Als er die „Platinbüsten"-Quest vergibt:

„Victario war einst ein Dichter, der es zum Anführer einer Rebellion gebracht hat – direkt vor der Nase von Kaiser Chitus. Doch hier kommt, was mich *wirklich* interessiert. Denn unser Wortakrobat war auch ein ziemlich begabter Dieb. Er hat das Ding des Jahrhunderts durchgezogen, alles im Namen des Volkes natürlich. Drei kunstvoll gefertigte

Platinbüsten, die Chitus für seine drei Lieblingsgeneräle in Auftrag gegeben hat.

Victario und seine Bande haben sich in damals in den Abwasserkanälen verschanzt. Jetzt, wo du Clarissas Schlüssel hast, bist du vielleicht geneigt, diese Helden-Büsten für mich zu suchen. Es wird sich für dich lohnen, versprochen."

Wenn der Spieler-Charakter die Löwenauge-, Titucius- und Sentari-Büsten bei sich trägt:

„Des Volkes Dichter konnte seine Beute vor Chitus verstecken, aber nicht vor uns, was? Ich wusste, du bist der richtige Verbannte für den Job. Bestimmt hast du dich schon reichlich an den Schätzen in Victarios Versteck bedient, trotzdem hab' ich hier noch eine Kleinigkeit für dich. Hab' ich unter dem Bett eines Toten gefunden. Warum? Einfach weil ich dich mag."

Natürlich kann man einen NPC nicht ausschließlich über seine *Funktion* definieren. Denn sonst klingt er am Ende wie ein gefühlloser Roboter, der seine Antworten mit genauso viel Persönlichkeit herunterleiert wie ein Geldautomat oder die Stimme von Google Maps.

Wobei Hargan eigentlich nichts anderes ist. Ein Bot, der gedankenlos die Antworten auf eine kleine vorgegebene Anzahl von Fragen ausspuckt. Doch wir wollen nicht, dass er so klingt! Genau hier kommen *Menschlichkeit* und *Beziehungen* ins Spiel.

Die Menschlichkeit eines NPCs basiert auf den nichtessentiellen Informationen, die er von sich gibt. Das ist Fachsprache für: „Er erzählt dir Dinge, die nicht notwendig sind, um das Spiel zu spielen." Dinge wie …

Wenn man als Duellant zum ersten Mal Hargan begegnet:

„Na du bist ein bekanntes Gesicht! Ein Gesicht, das mich in der Arena von Theopolis jede Menge Asche gekostet hat. Ich hab' dich für einen hochnäsigen Schönling mit Todeswunsch gehalten. Hab' alles, was ich hatte, gegen dich gesetzt. Doch dann hast du dich mit deiner Klinge so geschickt gezeigt wie bei der Auswahl deiner Kleidung."

Es sind diese Zusatzinfos, die einen NPC zum „Leben" erwecken. Denn seien wir ehrlich: Unsere Freunde, Familie und Arbeitskollegen hauen uns *ständig* „zusätzliche" Informationen um die Ohren. Was bringt es mir zu wissen, dass meine Chefprogrammiererin unter dem Namen Lady Veronica Silverspoon an Steampunk-LARPs teilnimmt? Hilft uns das dabei, unser Inventarsystem zum Laufen zu bringen? Nein, aber trotzdem ist es verdammt interessant!

So sind wir Menschen eben. Ganz ohne Vorwarnung erzählen wir Anderen von unseren Interessen, Gefühlen, Meinungen, Vorlieben und Abneigungen. NPCs sollten nicht anders sein. Nur weil etwas das Gameplay nicht direkt betrifft, heißt das nicht, das es nicht ins Spiel gehört.

Und hier rücken *Beziehungen* in den Vordergrund. Beziehungen zwischen NPCs sind ein Mittel, um die Illusion von Gemeinschaft in eurem Spiel zu erzeugen. Egal, ob sie Bergbau auf einem Asteroiden betreiben wie in *Space Miner: Ore Burst*, wie in *Oxenfree* eine grauenhafte Nacht voller Geister und Teenager-Ängste erleben oder wie in *Cthulhu Saves the World* einem Team glückloser Abenteuer angehören. Es hängt vom Drama zwischen den Charakteren ab, ob die Spieler in euer Spiel hineingezogen werden oder nicht.

Beziehungen

Bevor ich euch zeige, wie man Beziehungen zwischen NPCs handhabt, hier ein paar Beispiele, wie man es nicht machen sollte.

Drakensang. Battleheart Legacy. Torchlight 2.

Die NPCs in diesen Spielen scheinen überhaupt keine Kenntnis voneinander zu haben, obwohl sie sich in derselben Stadt, teilweise sogar *im selben Raum* aufhalten. In *Battleheart Legacy* stehen mehrere NPC-Lehrmeister buchstäblich *in einer Reihe* nebeneinander und keiner hat irgendetwas über den anderen zu erzählen. Sie verhalten sich wie Pendler im Zug oder in der U-Bahn. Kein Augenkontakt, keine Unterhaltung.

Witcher 2. Secret World. Divnity: Original Sin.

Hier ist das Problem nicht, dass die NPCs zu wenig über sich und andere erzählen. Nein, vielmehr können sie gar nicht mehr aufhören! Wie ihr vielleicht schon im echten Leben bemerkt habt, ist nicht jede Person eine „Labertasche". Viele sind regelrecht wortkarg. Gespräche mit ihnen sind vergleichbar mit dem Versuch, Blut aus einem Stein zu quetschen. Wenn in eurer Spielwelt alle nur herumstehen und fast nichts tun, dafür aber ständig labern, dann habt ihr keine aufregende Umgebung geschaffen, sondern ein Altersheim!

Wenn ihr die Aufmerksamkeit der Spieler nicht überstrapazieren wollt, könnt ihr Folgendes tun:

Hargan – Über Maramoa:

„Sie ist einfach so … üppig, unsere Maramoa. Meiner Meinung findet man keine keckere Vertreterin der Weiblichkeit. Es liegt wohl an ihren Tätowierungen und dieser extravaganten Ausdrucksweise. Einfach berauschend.

Und dennoch ist sie kalt wie ein Fisch …"

Hargan lässt zwar immer wieder Bemerkungen über seine NPC-Kameradin fallen, doch auf den Punkt gebracht empfindet er für sie wie gerade beschrieben.

Und was denkt Maramoa über Hargan?

Maramoa – Über Hargan:

„Hargan ist ein Mann vieler Behauptungen, die nur selten in Einklang sind. Auf Ngamakanui kommt lügen einem Todesurteil gleich, und daher wurde ich als Tochter der Wahrheit aufgezogen. Hargan ist ein Sohn des Eigennutzes. Er ist weder Krieger noch Seelensänger, sondern ein *Korangi*. Ich weiß nicht, wie man auf Oriathisch dazu sagt, aber auf Karui bedeutet es so viel wie: der, der Kriege mit falschen Versprechen gewinnt."

Hargan gibt sich locker und gesprächig, ein Mann, der sich mit Ränkeschmieden in den Straßen von Oriath bestens ausgekannt hat. Maramoa hingegen nimmt kein Blatt vor den Mund, hat eine wesentlich bessere Bildung genossen und weiß sich auszudrücken. *Keinem* der beiden wurde gestattet, über Gott und die Welt (von Wraeclast) zu schwafeln.

Es gibt ein Indie-Spiel, das meiner Meinung nach außergewöhnlich gute Arbeit bei NPCs und deren Beziehungen leistet. Es heißt *Space Marshals*.

Space Marshals 1 & 2 verfügen über dasselbe überschaubare Figurenensemble: Burt, der revolverschwingende Spieler-Charakter, Gavin, der gerissene Technik-Typ, Ava, die halsbrecherische Pilotin und T.A.M.I., die überhebliche KI, die ständig erfolglos an die Vernunft der anderen appelliert.

Wie veranschaulichen wir die Dynamik zwischen diesen unterschiedlichen Charakteren? Indem wir eine Beziehungsmatrix aufstellen! Daran sehen wir, was die Charaktere in *Space Marshals* über einander denken.

Dieses Vorgehen eignet sich für kleinere Ensembles mit bis zu sechs Charakteren. Generell rate ich bei Indie-Spielen von mehr Figuren ab, da man ansonsten schnell die Übersicht über Beziehungen und Dialoge der NPCs verliert. Kleines Budget, kleines Ensemble – versucht, so viel Wirkung wie möglich aus wenigen Charakteren heraus zu kitzeln.

Am Anfang von Space Marshals 1				
	Burt	Gavin	Ava	TAMI
Burt	Ich bin der Hammer!	Totaler Trottel.	Diesen Kerl zu ärgern, macht ganz schön Spaß.	Vollkommen unvernünftig, aber doch überraschend effektiv.
Gavin	Hast du es nicht langsam satt, dass ich dich ständig retten muss?	Wie schaffe ich es nur, immer wieder in solchen Situationen zu landen?	Ein liebenswerter Loser.	Erträglich, da er nützlich ist. Außer wenn nicht.
Ava	Sie ist sowohl witzig als auch wahnsinnig nervig.	Die einzige Person, die ich hier wirklich leiden kann.	Alles in bester Ordnung mit mir und meinen Flugkünsten!	Eines Tages wird ihr Glück sie verlassen.
Tami	Danke für die Info, aber ich weiß es sowieso besser.	Nur weil sie schlau ist, muss ich sie noch lange nicht mögen.	Sie hat offensichtlich einen digitalen Stock im Hintern.	Ich bin die einzige mit Hirn hier.

Am Ende von Space Marshals 2				
	Burt	Gavin	Ava	TAMI
Burt	Ich bin der Hammer!	Wie kann es sein, dass dieser Idiot noch am Leben ist?	Ein großer Bruder, dem ich gern einen Schreck einjage.	Gäbe es doch nur jemanden anderen.
Gavin	Inzwischen macht es mir Spaß, dich zu retten.	Mein Schicksal scheint endgültig besiegelt.	Eine glücklose Vaterfigur.	Ein Paradebeispiel dafür, welche Enttäuschung Menschen sein können.
Ava	Ich weiß nie, wann sie es ernst meint und wann nicht.	Die verrückte aber doch liebenswerte Tochter, die ich niemals hatte.	Immer noch alles in bester Ordnung mit mir und meinen Flugkünsten!	Nützlich aber so nervig.
Tami	Ja, sicher … etwas abknallen. Mehr hör' ich eh nicht.	Ich hasse es, dass sie immer Recht hat.	Ich ignoriere sie, so gut ich kann.	Ich bin hier immer noch die einzige mit Hirn.

Wie ihr seht, haben sich die Charaktere nicht allzu sehr entwickelt. Insgesamt gehen sie aber vertrauter miteinander um und haben ihre jeweiligen Eigenarten akzeptiert bzw. davor kapituliert. An der zugrunde liegenden Dynamik hat sich jedoch kaum etwas verändert. Niemand hat sich verliebt und bei niemandem gab es einen kompletten Persönlichkeitswandel. Und wisst ihr was? Bei einem Spiel wie *Space Marshals* ist das vollkommen in Ordnung.

Aber warum? Wollen wir denn keine lebendigen Charaktere, die an den Ereignissen im Spiel wachsen? Doch … aber eben auch nicht. Genau an diesem Punkt fliegen viele Indie- und AAA-

Entwickler auf die Schnauze. Fälschlicherweise basiert ihr Verständnis für Charakterentwicklung auf dem, was sie in Film und Fernsehen gesehen haben. Natürlich dreht sich bei Serien wie *Game of Thrones, Westworld* und *Mr. Robot* alles um die Entwicklung der Charaktere. Davon leben sie und daran sterben sie. Doch bei Spielen gibt es diese Abhängigkeit von Veränderung und Wachstum der Charaktere nicht. Bei Spielen gibt es Gameplay!

Charakterentwicklung ... oder nicht

Charakterentwicklung braucht man nur dann, wenn die Spielwelt sich nicht ausreichend verändert. Selbstverständlich geht es auch in Westeros drunter und drüber, aber abgesehen vom Auftauchen einiger „magischer" Elemente bleiben die Orte, die Menschen und ihr Lebensstil doch gleich. Nordlinge sind immer noch Nordlinge. Südländer sind immer noch Südländer. Greyjoys lieben Schiffe. Tyrells lieben Blumen. Bei einer Serie wie *Game of Thrones* fühlt sich die Welt schnell vertraut an. Das trifft umso mehr auf Serien wie *Mr. Robot* zu, die in unserer alltäglichen Welt spielen – wenn auch in einem Teil, den wir nur selten zu Gesicht bekommen. Wenn die Welt sich also nicht verändert, müssen die Charaktere das übernehmen – andernfalls hat man eine furchtbar langweilige Fernsehserie.

Bei Spielen geht es hingegen meist darum, die Welt selbst zu verändern. Im Regelfall heißt das, jeden Bösewicht umzubringen, der einem über den Weg läuft. Es könnte aber auch bedeuten, jedes einzelne Rätsel im Spiel zu lösen. In beiden Fällen sorgt euer Spieler für Veränderungen in der Welt.

Somit habe eine Frage an euch: Stellt euch vor, ihr hattet einen furchtbar anstrengenden Arbeitstag, bei dem ihr ständig den Feuerlöscher spielen musstet. Wollt ihr nach einem solchen Tag wirklich nach Hause kommen und zu der lebensverändernden Einsicht gelangen, dass ihr eure Wohnung abfackeln, die Versicherungsprämie kassieren und wie ein einsamer Wolf am

Rande der Gesellschaft leben möchtet? Eher nicht. Wahrscheinlich freut ihr euch vielmehr auf wohlige Routine. Auf einen Hund, der euch freudig begrüßt. Darauf, euch Abendessen in einer Küche zuzubereiten, in der ihr genau wisst, wo sich alles befindet. Und darauf, die Füße hochzulegen und auf eurem iPad durch euren Facebook-Feed zu scrollen. Ziemlich genauso fühlt sich auch euer Spieler, nachdem er eine Weile gespielt hat. Er sehnt sich nach etwas Vertrautem, Angenehmem und Beruhigendem.

In eurer Spielwelt sind eure NPCs diese vertrauten, angenehmen und beruhigenden Elemente. Sie sind das Beständige und Verlässliche in einer Welt, die wieder und wieder auf den Kopf gestellt wird. Ist das nicht der Fall, arbeitet ihr entweder an einem charaktergetriebenen Spiel mit eingeschränkter Interaktivität oder ihr solltet dringend euer Gameplay überdenken.

NPCs sollen euren Spielern dabei helfen zu verstehen, welchen Effekt sie auf die Spielwelt haben. NPCs sind der Fels in der Brandung, an dem eure Spieler sich festhalten können. Verändert oder entfernt ihr sie, riskiert ihr, dass eure Spieler davongetrieben werden.

Eine letzte Anmerkung zum Thema „Charakter", die für Rollenspiele noch wichtiger ist als für alle anderen Genres. Ihr dürft Charakterentwicklung niemals mit Charakter-Builds verwechseln. Außer ihr wollt, dass das eine das andere beeinflusst. Sollte dem so sein, ist es auf jeden Fall besser, wenn der Build sich auf die Charakterentwicklung auswirkt und nicht umgekehrt.

So haben wir die Fertigkeitsstufen in *Path of Exile* abgebildet, indem wir die Spieler-Charaktere ihre zunehmende Macht kommentieren ließen.

Die Hexe

Level 1 - Und ich dachte, ich wäre schon längt tot.

Level 2 - Zu lernen heißt zu leben.

Level 5 - Ich denke, Wraeclast wird es auch tun.

Level 10 - Das Schicksal lächelt mit scharfen Zähnen.

Level 15 - Ich erkenne mich kaum wieder.

Level 20 - Das Land selbst hat gelernt, sich meinem Willen zu beugen.

Level 30 - Angst brauche ich nicht mehr. Das Schicksal hat dafür gesorgt.

Wir sind nicht so weit gegangen, dass Spieler-Charaktere besondere Errungenschaften oder Verzweigungen in ihrem Fertigkeitsbaum kommentieren. Oder hätten wir das tun sollen? Eigentlich eine interessante Idee: Ein Charakter, dessen Persönlichkeit sich ändert, je nachdem welche Entscheidungen man bei seinem Charakter-Build trifft.

Darkest Dungeon ist das einzige Spiel, das ich kenne, welches die Beziehung zwischen Charakterentwicklung und Charakter-Build fast gemeistert hat. Die Entwickler haben diese Beziehung bewusst auf Krankheiten, Tugenden sowie positive und negative Ticks beschränkt. Krankheiten und Tugenden wirken sich darauf aus, wie sich ein Spieler-Charakter während eines Kampfes verhält. Ticks sind passive Bonusse und Abzüge, die das Verhalten eines PCs im Dorf oder während der Erkundung eines Dungeons beeinflussen.

Beispielsweise liegt die Chance bei 40 Prozent, dass ein an „Nekromanie" leidender PC den Körper eines Toten nach Wertsachen durchwühlt – egal ob man das nun möchte oder nicht. Im Gegensatz dazu will ein PC mit dem „Säufer"-Tick nur in der Taverne Stress abbauen, nirgendwo sonst. Zum Glück lassen sich Krankheiten und Ticks im Sanatorium des Dorfs heilen oder durch das Verringern des allgemeinen Stress-Levels des PCs.

Somit verändern sich bei *Darkest Dungeon* und bei *Path of Exile* sowohl die Welt als auch die Charaktere – beim einen mehr, beim anderen weniger. Dabei werden die Veränderungen sorgfältig aufgezeichnet, benannt und in der Benutzeroberfläche angezeigt. Das ist nicht die klassische Charakterentwicklung, die man aus Filmen und Romanen kennt. *Star Wars* zeigt uns nicht, wie viele „Machtpunkte" Luke Skywalker gesammelt hat. Genauso wenig wie die *Matrix*-Filme Neos Reise von „Zero to Hero" in Level einteilen. Doch wenn sich euer Spieler in einer sich ständig wandelnden Spielwelt befindet, die ihm fortwährend die „Wirkung" auf seine „Ursache" vor Augen führt, müssen alle Veränderungen sorgfältig aufgezeichnet und erklärt werden. Andernfalls drohen sie, den Spieler zu überwältigen.

Okay … also braucht man nun „Charaktere"?

Mittlerweile sollte klargeworden sein, dass euer Spiel auf jeden Fall irgendeine Art von Charakter haben wird, egal ob geplant oder nicht. Sein Makro-Charakter wird bestimmt von seinem Genre, seiner Spielmechanik, seiner visuellen Gestaltung, seiner Musik und allem, was euch sonst so einfällt.

Mikro-Charaktere sind eine ganz andere Geschichte. Nein, Mikro-Charaktere *braucht* man nicht zwingend, ihr könnt dem Spieler einfach einen 08/15-Avatar an die Hand geben. Oder auch einen individuell anpassbaren Avatar ohne eigene Persönlichkeit. In den Augen von uns Geschichtenerzählern ist ein Avatar so gut wie jeder andere.

Es fehlt jedoch nicht viel, um das Gleichgewicht von „Avatar" in Richtung „Charakter" zu verschieben. Abhängig von unserer kulturellen Prägung, schreit sogar etwas so Banales wie eine eiserne Rüstung: „Ritter ohne Furcht und Tadel!" Wickelt euch einen Schal um eure untere Gesichtshälfte, werft einen Blick in den Spiegel und versucht dabei nicht an Wörter wie „Ninja", „Bandit", „Burka" oder „Bauchtänzer" zu denken. Kulturelle

Prägungen gibt es überall. Auch wenn ihr einen universellen Charakter entwerfen wollt, müsst ihr darüber Bescheid wissen, da sie unweigerlich beeinflussen werden, wie eure Spieler ihr virtuelles Selbst wahrnehmen.

Und wenn ihr glaubt, dass NPCs die richtige Wahl sind, dann seid euch bitte vollkommen sicher, warum ihr dieser Meinung seid.

1. Sind eure NPCs dazu da, die Spieler durch das Spiel führen?
2. Müssen sie bestimmte Elemente der Spielwelt erklären?
3. Sind sie ein „sicher Hafen" in der stürmischen See der Veränderung?

Falls ihr all diese Fragen mit „nein" beantwortet habt, empfehle ich euch dringend, die Verwendung von NPCs zu überdenken. Wenn ihr eine charaktergetriebene Geschichte erzählen wollt, sind eine TV-Serie, ein Comic oder ein Roman vielleicht die bessere Wahl. Oder ein Spiel mit wenig Gameplay aber viel Story – siehe die Spiele von Telltale oder interaktive Filme wie *Heavy Rain* oder *Beyond: Two Souls*.

Doch falls ihr wollt, dass eure Spieler sich in eine Rolle *hineinversetzen* und dabei die Welt und sich selbst besser verstehen lernen, dann bitte.

A Tale of Two Brothers.
The Stanley Parable.
A Machine for Pigs.
Submerged.

Wir brauchen mehr Spiele dieser Art. Mehr Spiele, die wissen, wie man den Spieler in eine Rolle hineinversetzt, die diesen fundamentalen Vorteil des Mediums „Spiel" begriffen haben. Nämlich, dass der Spieler tatsächlich der Charakter *sein* kann. Die

Entwicklung des Charakters und die des Spielers sind ein und dieselbe.

Auf die ein oder andere Weise muss der Spieler die Hauptfigur sein. Das hat niemand besser auf den Punkt gebracht als die alten *Fighting-Fantasy*-Bücher aus den 80ern:

„DU bist der Held!"

… oder die Heldin.

KAPITEL 4

WORLDBUILDING

Hmmm ... wie wäre es wohl gewesen, wenn die Ureinwohner Neuseelands in vorkolonialen Zeiten auf Moas geritten wären? Das waren diese großen, an Straußen erinnernde Vögel, die aufgrund ihres leckeren Geschmacks mittlerweile ausgestorben sind. In Australien gibt es auch heutzutage noch Straußenrennen, so abwegig ist die Idee also gar nicht.

Australien ... viel Wüste und Flachland. Was wäre, wenn dieser Stamm von Moa-Reitern in der Steppe gelebt hätte? Ähnlich wie in der Mongolei. Oder wenn sie tatsächlich Mongolen gewesen *wären* oder zumindest ihre Kultur ähnlich gewesen wäre. Grimmige Krieger, Plünderer und Eroberer wie zu Zeiten Dschingis Khans. Doch anstatt auf Pferden wären sie auf einer Kreuzung aus riesigem Moa und Velociraptor geritten.

Oder besser als Dschingis Khan ... Mulan, eine legendäre Kriegerin! Was, wenn ihre Kultur ein Matriarchat gewesen wäre, in der die Frauen die Reiter, Plünderer und Krieger gestellt hätten, während die Männer zuhause gekocht, die Felder gepflügt und die Kinder großgezogen hätten? Vom biologischen Standpunkt gesehen, sind Männer ohnehin besser für die häusliche Schufterei geeignet, da sie im Regelfall kräftiger als Frauen sind – abgesehen vielleicht von Brienne von Tarth. Frauen sind im Vergleich leichter und gelenkiger und somit wie geschaffen für das Reiten von Straußen bzw. Moas.

Strauß … Moa. Rhoa! Ein deutlich besserer Name. Rhoa würden viel lieber eine leichte Reiterin auf dem Rücken tragen als einen Berg aus Muskeln und Testosteron wie Gregor Clegane. Allerdings könnte unser Reitervolk nicht *komplett* den Mongolen entsprechen. Das wäre so, als würde man aus der Weltgeschichte klauen. Also mischen wir noch eine Handvoll mittelalterliches Japan darunter und vielleicht noch eine Prise eines anderen Nomadenstamms. Wie wäre es mit etwas orientalischem Beduinen-Gewürz?

Doch wie nennen wir sie? Mara ist die Hindu-Göttin des Todes. Außerdem wollte ich schon immer einmal nach Marrakesch. Streichen wir also das zweite „r", tauschen „kesch" gegen „keth" und schon haben wir Maraketh!

Die Maraketh = Ein matriarchalischer Nomadenstamm, der die weiten Ebenen Wraeclasts bevölkert. Ihrer Kriegerinnen reiten auf Rhoas, großen flugunfähigen Vögeln, die Straußen oder neuseeländischen Moas ähneln, allerdings über die schuppige Haut und den Schwanz eines Velociraptors verfügen. Aussehen und Kultur der Maraketh basieren auf mittelalterlichen Mongolen und Japanern, während ihre Sprache von Beduinen und ihre Göttinnen vom Hinduismus beeinflusst sind.

Gute Fiktion entstammt der Wirklichkeit

Jupp, so ähnlich funktioniert das Ganze – zumindest im Fantasy-Genre. Sammelt all euer Wissen über antike Zivilisationen, Mythologie, Anthropologie und jede Fantasy-Reihe, die ihr jemals gelesen und/oder gesehen habt. Dann werft ihr alles zusammen in einen Topf und wartet ab, was am Ende hochkocht.

Beachtet jedoch, dass ich die *realen* Elemente zuerst genannt habe. Wirkliche Geschichte, belegte Anthropologie und bekannte Mythen und Legenden sollten den Kern eurer fiktionalen Welt ausmachen. Das alles sorgt dafür, dass sich eure Story *echt anfühlt*, weil Teile davon *echt sind*. Es geht um nachvollziehbare Welten voller nachvollziehbar handelnder Menschen. Sogar die Menschenopfer der Azteken sind nachvollziehbar, wenn ihr euch die Beweggründe für diese Grausamkeiten genau anseht.

Ist eure Welt ausschließlich von Fiktion inspiriert – also von Romanen, Fernsehen, Comics, Filmen oder im schlimmsten Fall anderen Spielen – besteht die *große* Gefahr, dass sie ausgelutscht wirkt. Seht euch nur einmal all die Klischees an, die sich mittlerweile zu Orks, Elfen und Zwergen etabliert haben. Diese sind teilweise ganz schön schlimm.

Warum müssen zum Beispiel alle Zwerge helle Haut, rote Haare und einen schottischen Akzent haben? Ich weiß, das ist nicht immer der Fall, doch meistens werden sie genauso dargestellt – wie Gimli aus *Der Herr der Ringe*. Und hat sich irgendjemand schon einmal gefragt, warum bei Orks diese übergroßen Hauer aus dem Unterkiefer ragen? Erfüllen diese *irgendeinen* biologischen Zweck, außer das Kauen absurd schwer zu machen?

Konventionen zu folgen ist grundsätzlich nicht verkehrt. Doch wenn es um detailgetreue Versionen dessen geht, was Spieler „erwarten" – vom roten Zopf mit einzeln animierten Haaren bis zum sündhaft teuren Synchronsprecher mit dem bekannten Namen – werden AAA-Titel immer die Nase vorn haben. Dort hat man die Leute, die Zeit und das Budget, um üppige Fantasy-Welten zu erschaffen, die auf altbekannten Konventionen basieren.

Ich nenne Fantasy hier nur als Beispiel, weil das Genre so bekannt und zugänglich ist. Orks, Elfen und Zwerge sind mittlerweile so universell und allgegenwärtig wie Coca-Cola oder McDonald's.

Bewährte Konventionen gibt es in *jeder* fiktionalen Welt. Böse Unternehmen im Cyberpunk. Weltraumpiraten in der Science-Fiction. Terrorismus in Militär-Spielen. Italienische Mafia in amerikanischen Verbrecher-Epen. Mutanten und Kannibalen im post-apokalyptischen Ödland.

Es gibt einen Grund, *warum* AAA-Spiele sich auf etablierte Konventionen verlassen: Weil die Macher wissen, was sich gut verkauft. Und das müssen sie auch, denn sie haben gewaltige Summen in ihr Spiel investiert. Die Produktion von *Witcher 3* hat angeblich 81 Millionen US-Dollar verschlungen. Legt man derart viel Geld auf den Tisch, nimmt man gerne jede Konvention mit, die sich mit tausendprozentiger Sicherheit gut verkauft. Ich weiß, dass mir viele in Hinblick auf *Witcher 3* widersprechen werden, doch wird ein großes, auf Konventionen aufbauendes Spiel niemals Geschichte schreiben, ein neues Genre erfinden, zum Nachdenken anregen oder sonst etwas groß über den Haufen werfen. Stattdessen wird es eine Menge Kohle machen.

Wollt ihr als Indie-Entwickler eine Menge Kohle machen, muss ich euch leider vor einer großen Enttäuschung warnen. Gut verdienen und sein eigener Herr sein? Sicher! Aber eine Superjacht kaufen? Wohl eher nicht. Falls eure Motivation für die Spieleentwicklung doch eine Superjacht sein sollte, dann legt dieses Buch bitte SOFORT beiseite. Es ist nicht für euch gedacht.

Ok, nach dieser Einführung wollen wir uns wieder dem Thema Worldbuilding zuwenden.

Gut und günstig

Falls ihr euch noch in der Konzeptphase eures Spiels befindet, empfehle ich euch eine Welt auszusuchen, die sich günstig umsetzen lässt. Wie *Hacknet* Hacking darstellt, ist ein wunderbares Beispiel. Die Grafik ist äußerst minimalistisch und bildet den Alltag eines Hackers wesentlich realistischer ab als

Deus Ex: Human Revolution oder *Watch Dogs*. Denn interessanterweise verbringen echte Hacker ihre Zeit meist damit, auf Codezeilen und schmucklose Interfaces zu starren, anstatt auf VR-Landschaften voll riesiger „Daten-Festungen" oder auf neonfarbene, *Tron* ähnliche Matrizen. Das Gameplay von *Hacknet* basiert auf der Realität, nicht auf Science-Fiction-Konventionen. Dementsprechend wirkt das Ergebnis unverbraucht, macht jede Menge Spaß und ist relativ günstig umzusetzen.

Sehen wir uns noch eine Welt an, die günstig herzustellen ist: Die post-apokalyptische Text- und ASCII-Landschaft von *A Dark Room*. Dieses Spiel zeigt uns eine trostlose Welt, in der zerlumpte Überlebende *sehr* hart arbeiten müssen, um eine mickrige Siedlung buchstäblich aus dem Nichts zu erschaffen. Ein Knochenspeer besteht zum Beispiel nur aus Holz und Zähnen. Schafft man es endlich die Siedlung zu verlassen, steht man in einem riesigen Ödland voller Plünderer und Soldaten, die sich an die Überreste der Zivilisation klammern, sowie zahlreichen hungrigen und besonders fiesen Bestien.

Die Spielwelt von *A Dark Room* besitzt drei große Stärken:

1. Weißer Text und ASCII-Zeichen auf schwarzem Hintergrund heben hervor, wie grausam unkompliziert der Kampf ums Überleben sein kann.
2. Zahlen sind der Kern eines jeden Städtebauspiels. Wie viel Holz und wie viele Zähne brauche ich, um einen Knochenspeer zu bauen? *A Dark Room* kehrt sein Inneres nach außen und beweist, dass die Spielmechanik den Spaß ausmacht und nicht knuffelige Schlümpfe in hübschen Pilzhäusern.
3. In einem Spiel wie *A Dark Room* sorgt der Realismus für alle nötigen Herausforderungen. Wie in der echten Welt sind andere Menschen eine viele größere Bedrohung als

„wilde Bestien". Die größten Gefahren sind jedoch Hunger und Durst.

Das Geheimrezept lautet für mich also wie folgt: Sowohl *Hacknet* als auch *A Dark Room* haben eins gemeinsam. Beide Spiele haben ganz genau begriffen, welches Spielerlebnis sie ihren Spielern bieten wollen, und haben dann eine Welt erschaffen, die nur auf dieses Erlebnis ausgerichtet ist.

In *Hacknet* geht es ums Hacken, nicht um die Erforschung prächtiger virtuelle Welten. In *A Dark Room* dreht sich alles um den Kampf ums Überleben und das Aufbauen einer Stadt, nicht um Konsumkultur und schickes Äußeres.

Entwickelt eure Welt nicht, bevor ihr eure Spielmechanik habt. Die Mechanik sollte immer an erster Stelle stehen. Sobald ihr wisst, wie genau euer Spielerlebnis aussehen soll, werdet ihr überrascht davon sein, wie schlicht und „auf den Punkt gebracht" eure Spielwelt sein kann.

Außerdem werdet ihr eine Menge Zeit und Geld sparen, die ihr ansonsten mit unnötigem Schreiben verschwendet hättet. Was mich zu einem Thema bringt, über das ich mich besonders gerne aufrege. Etwas, mit dem jeder Indie-Entwickler besonders vorsichtig umgehen sollte: *die Backstory.*

Backstory in den Hintergrund

Ich will ganz ehrlich sein: Story ist nur dann zu etwas nutze, wenn sie auch im Spiel landet. Und sie sollte nur dann eingebaut werden, wenn der Spieler sich auch wirklich damit auseinandersetzen muss. Fürchtet euch also sehr, wenn euer Autor nach einer ersten Einführung in euer Indie-JRPG sofort mit der Schöpfungsgeschichte eurer Welt und all ihren Gottheiten loslegt. Falls euer Spiel nicht explizit von Göttern und Göttinnen und dem

Erschaffen von Welten handelt, solltet ihr euren Autor schnell ausbremsen.

Autoren sind von Natur aus Backstory-Junkies. Jupp, ich ebenfalls. Doch falls das, was wir schreiben möchten, nicht im Spiel als Boss, MOB, Gebiet, Transportmittel, Waffe, Rätsel, Physik-Minispiel oder irgendetwas anderes auftaucht, sollte man es besser nicht zu Papier bringen.

Ja, es gibt viele Spieler, die wissen wollen, was sich vor Jahrtausenden am Morgen der Schöpfung zugetragen hat. Diskussionen über die Mythologie einer Welt sprießen im Internet wie Gänseblümchen auf einer Wiese. Doch vergesst nicht, woraus der Großteil der Wiese besteht: Grashalme. Die meisten Leute wollen nur wissen, wen sie um die Ecke bringen sollen und warum. Und die *meisten* Leute bezahlen die *meisten* eurer Rechnungen. Wenn ihr an euer Budget denkt, solltet ihr euch auf die Texte konzentrieren, die direkt die Spielerfahrung verbessern. Die meisten Spieler interessieren sich nur für die Dinge, die sich direkt vor ihnen befinden – besonders, wenn eins dieser Dinge ihr Gesicht auffressen möchte. Ihnen ist egal, dass dieser Dämon auf dem Gipfel des Grimsky-Bergs geboren wurde, jenem ewig rauchenden Vulkan, der den Grill beim jährlichen Treffen der Alten Götter anheizt. Doch sie wird interessieren, dass der (knappe) Monolog des Dämons sie über seine mächtigen Feuerattacken informiert und ganz nebenbei auf seine Schwäche gegenüber Eismagie hinweist. Ein zusätzlicher Bonus: Kurze Boss-Monologe sind viel schneller (und günstiger) zu produzieren als lange Wälzer voll mit Mythologie.

Worldbuilding von unten nach oben

Um zu vermeiden, dass euer Schreibbudget explodiert, empfehle ich euch, eure Spielwelt von unten nach oben zu konstruieren, nicht von oben nach unten. Seht euch den Teil eurer Spielwelt an, in dem der Spieler starten wird, und überlegt euch anschließend Fragen dazu.

Wie heißt dieser Teil der Spielwelt?
Warum heißt er so?
Warum sieht er so aus, wie er aussieht?
Wer sind seine Bewohner?
Wie lauten ihre Namen?
Warum reden und verhalten sie sich so, wie sie es tun?
Warum ist dieser Ort so gefährlich/rätselhaft/wunderschön?
Wie ist er so geworden?
Welche Kreaturen leben an diesem Ort?
Welchem Zweck dienen sie?
Wie überleben sie?
Warum wollen diese Kreaturen den Spieler
töten/herausfordern/aufhalten?

Ich möchte, dass ihr wie ein Kind und nicht wie ein Theologieprofessor denkt. Stellt euch jede Menge banale und ganz einfache Fragen. Denn wenn ihr eure Spieler zum ersten Mal in diese fremde Welt entführt, werden sie sich wie Kinder bei ihrem ersten Besuch in der „Großen Stadt" fühlen und sich genau dieselben Fragen stellen.

Ich glaube, ich könnte diesen Worldbuilding-Ansatz „Spieler-zentriert" nennen. Ihr nehmt die Rolle der Spieler ein und findet heraus, was *diese* über das Spiel wissen möchte. Das geht ganz einfach, indem ihr euren Verstand mit einer einfachen Frage austrickst:

Wärt ihr ein Spieler, der zum allerersten Mal eure Spielwelt betritt, was würdet *ihr selbst* darüber wissen wollen?

Zurück zu dem, was ich am Anfang dieser ganzen Diskussion über Worldbuilding angesprochen habe. Zu jenem wahnwitzigen und chaotischen Prozess, bei dem man Wissen in einen Mixer kippt, es ordentlich durchmischt und am Ende etwas herausbekommt, das *hoffentlich* gut schmeckt.

Obwohl, eigentlich ist das gar keine echte Diskussion, oder? Eine Diskussion setzt voraus, dass mehr als eine Person spricht, doch ihr liebe Leser seid bislang recht still gewesen. Allerdings seid ihr ziemlich gute Zuhörer!

Erinnern wir uns also an das Maraketh-Beispiel am Anfang dieses Monologs und wenden wir das von mir angesprochene Prinzip an. Das Prinzip des Vierjährigen, der immer nur „warum" fragt.

Der Worldbuilding-Prozess

Stellen wir uns also vor, es ist das Jahr 2011 und man hat uns gerade eine alte Ruine gezeigt, welche die Stadt im ersten Akt von *Path of Exile* werden soll. Zurzeit heißt sie „Akt-1-Stadt".

Lassen wir nun unserer Kreativität strömen wie die Nase eines kleinen Kindes!

Wie heißt die Siedlung? Für mich sieht sie aus wie ein alter Wachturm. Doch wonach hat man dort Ausschau gehalten? Bestimmt nach irgendwelchen Eindringlingen. Lasst mich überlegen. Welches seefahrende Volk befindet sich in der Nähe und könnte die Küste angreifen wollen? Die Karui. Zudem ist einer der Spieler-Charaktere, der Marodeur, auch ein Karui, also lasst sie uns einbauen. Der Wachturm war einst Teil eines mittlerweile untergangenen Imperiums, genauer gesagt dessen südlichster Außenposten. Wer hat dann hier gelebt? Kaiserliche Legionäre, könnte ich mir vorstellen. Und da das Imperium ziemlich römisch angehaucht ist und die Römer ein Faible für Adler hatten, nennen wir den Kommandeur Adlerauge und machen aus ihm einen hervorragenden Bogenschützen. Doch Moment, Adlerauge erinnert zu sehr an Hawkeye, den Marvel-Charakter. Welche anderen Tiere haben die Römer also noch verehrt? Löwen. Löwenauge? Ja, das funktioniert. Doch warum nannte man ihn Löwenauge? Vielleicht hatte er ein außergewöhnliches Auge, ein künstliches Auge! Womöglich hat er eines seiner echten Augen durch eine Gemme ersetzt, um seine Schießkünste auf magische Weise zu verstärken. Also könnte eines seiner Augen tatsächlich wie ein Löwenaugen-Edelstein ausgesehen haben. Oder er trug eine Art Schmuck um sein Auge, damit es wie das eines Löwen aussah? Vielleicht um seine Männer mit Ehrfurcht und seine Feinde mit Furcht zu erfüllen. Also heißt die Siedlung nun „Löwenauges Wachturm"? Nein … „Löwenauges Wacht" klingt eingängiger, außerdem passen „Auge" und „Wacht" gut zusammen. Doch warum ist der Außenposten zur Ruine geworden? Wahrscheinlich wurde er eines Tages von Angreifern zerstört. Löwenauge muss als von den Karui getötet worden sein. Hmmm … klingt ein wenig öde, wenn der Außenposten einfach so während einer Invasion zerstört worden wäre. Aber wenn es um etwas Persönliches gegangen wäre? Genau! Was, wenn das Imperium die Karui zuerst angegriffen hätte? Löwenauge hätte der Anführer dieses Feldzugs sein können. Die Karui müssten ihn also *richtig* gehasst haben. Sie hätten ihn mit allen Mitteln gejagt. Wahrscheinlich wäre es sogar zu einem Kampf zwischen Löwenauge und dem König der Karui gekommen, Mann gegen Mann …

Wie ihr seht, folgt auf jede Frage eine Antwort, die wiederum bewertet wird und wieder zu einer neuen Frage führt und so weiter und sofort. Das ist so ziemlich der Kern des Worldbuilding-Prozesses. Fangt dort an, wo der Spieler anfängt, am Anfang eurer Spielwelt, und dann fragt euch, was es dort zu sehen gibt. Stellt solange Fragen, bis euch keine mehr einfallen.

Dann könnt ihr euch umschauen und euer Werk bestaunen. Denn diese Fragen werden das Fundament sein, auf dem eure Welt fußt.

KAPITEL 5

STORY-GLYPHEN – EINE EINFÜHRUNG

Voice-Over ist sauteuer. Hier in Neuseeland muss man mit 400 bis 1000 Dollar pro Stunde im Aufnahmestudio rechnen, Regie und professionelle Synchronsprecher mitinbegriffen.

Und falls ihr Renderfilme wie Blizzard machen wollt, könnt ihr euch gleich eine Atombombe besorgen und selbst euer Budget sprengen.

Doch ihr wollt immer noch eine Geschichte erzählen, oder? Ja, das wollt ihr, und ja, das müsst ihr auch. Spieler lieben Stories, denn schließlich gehören sie zur Spezies Mensch. Wir sind auf Stories gepolt. Wir sehen sie überall. Auf diese Weise versuchen wir, die Welt zu verstehen und genauso geht es auch euren Spielern mit eurer Spielwelt.

Leider ist die ordentliche Umsetzung bewährter Storytelling-Techniken aus Film und Fernsehen so kostspielig, dass sie nur für AAA-Titel in Frage kommen. Was kann ein armer Indie-Entwickler da nur machen?

Die Antwort lautet: Story-Glyphen. Das sind Story-Fragmente, die der Spieler beim Spielen entdeckt. Notizen und Bücher, Malereien und Hieroglyphen, Straßenschilder und „Hier wartet der Tod"-Warnungen – das alles sind verschiedene Arten von Story-Glyphen.

Bevor wir tiefer in dieses „Meer der extremen Nützlichkeit" eintauchen, will ich etwas klarstellen: Der Begriff „Story-Glyphe" ist meine Erfindung. Ich habe mit einer Reihe anderer Narrative Designer daüber gesprochen und festgestellt, dass es keinen international einheitlichen Begriff für diese winzigen, funkelnden narrativen Kleinode gibt. Also musste ich mir einen Namen einfallen lassen, der für mich Sinn macht.

Eine kurze Geschichte der Story-Glyphen

Der Begriff tauchte zum ersten Mal während meiner Anfangszeit bei *Path of Exile* auf. Bei diesem Spiel habe ich gelernt, wie man Geschichten ohne Plot richtig handhabt. Wir hatten da diese Muscheln, die man in eine Steinwand einsetzen muss. Einmal eingesetzt, leert sich ein Teich auf magische Weise und gibt den Zugang zur „Unterwasserpassage" frei – einem Ort voller Krabbel-Getier und Tintenfisch-Kreaturen, die dem Spieler den Kopf abbeißen wollen. Also ein wunderschönes Ziel für den nächsten Urlaub.

Jemand im Team hat den Muscheln den Namen „Glyphen" als Platzhalter gegeben. „Glyphe" ist nichts weiter als ein schicker Ausdruck für ein Symbol mit einer bestimmten Bedeutung. Buchstaben und Zahlen sind Glyphen. Logos sind Glyphen. Um zu verdeutlichen, dass diese Glyphen die Story ihres Spiels tragen, habe ich einfach nur den Begriff „Story" hinzugefügt.

Der Name klingt gut und erklärt was er soll, also bin ich dabei geblieben.

Arten von Story-Glyphen

Ehlich gesagt, gibt es unzählige Story-Glyphen. Jedes Mal, wenn ich sie katalogisieren möchte, taucht eine neue Art auf und zeigt mir den Stinkefinger. Dementsprechend ist meine Einteilung der verschiedenen Typen von Story-Glyphen ziemlich vage und schwammig. Trotzdem wollen wir versuchen, klar und deutlich zu sein, und beschränken uns daher auf die drei häufigsten Formen:

1. Schriften
2. Flavor-Text
3. Umgebungselemente

KAPITEL 6

SCHRIFTEN

Mit „Schriften" bezeichne ich alle Texte im Spiel, welche die Spieler während eines ruhigen Moments lesen können. Natürlich kann man sie auch zu anderen Zeitpunkten lesen– in der Hitze der Schlacht zum Beispiel – doch das Verständnis wird ohne Zweifel darunter leiden. Habt ihr jemals versucht, Tennis zu spielen, während ihr einen Roman lest? Oder einen Blog zu lesen, während eure kleine Tochter sich weinend darüber beklagt, dass ihre Schwester Schokostückchen in der Hälfte ihres Cookies hatte und sie nicht?

Auch bei *Path of Exile* mussten wir dieses Problem lösen. Nicht das Schokostücken-im-Cookie-Problem, obwohl ich mir sicher bin, dass das in der Küche von Grinding Gear Games mehr als nur einmal aufgetaucht ist. Unser erster Schriften-Versuch führte zu Inschriften der Karui, die in Felsen entlang der Küste von Akt 1 geritzt waren. Sie sollten erzählen, wie die Karui die südliche Küste Wraeclasts eroberten und wie sie nach mehreren recht grauenvollen und düsteren Ereignissen wieder abgezogen sind. Die Inschriften erschienen als Pop-up-Text und funktionierten richtig gut – abgesehen von einer Sache. Während der Spieler sie las, konnte er jederzeit von jedem vorbeikommenden Zombie, Sand-Spucker oder Plünderer attackiert werden. Wenn man angegriffen wird, ist das für das entspannte Lesen nicht gerade förderlich. Was wäre hier das entsprechende häusliche Pendant? Äh … E-Mails lesen, während der Hund versucht, einen unter dem Tisch zu begatten.

Wir haben dieses Problem später gelöst, indem wir „sichere Zonen" eingeführt haben, in denen Spieler die Story-Glyphen in Ruhe lesen konnten. Shavronnes Arbeitszimmer im Axiom-Gefängnis war die erste. Ein geschlossener Bereich komplett ohne Monster. Diese Tradition haben wir mit Izaros Labyrinth und Daressos Arena fortgeführt. Damit haben wir Vorzimmer geschaffen, in denen der Spieler die Hintergrundgeschichte in Ruhe aufnehmen kann, bevor er sich ins blutige Getümmel des nächsten Gebiets stürzt.

Machine for Pigs verfolgt einen anderen Ansatz. Klickt man auf eines der zahlreichen im Spiel verteilten Dokumente, öffnet sich ein bildschirmfüllendes Pop-up. Das Spiel kommt zum Stillstand, während man etwas über die Geschichte der großen Maschine und die schrecklichen Umstände ihrer Entstehung liest. Tatsächlich erfüllen diese Schriften gleich zwei Zwecke:

1. Sie vermitteln, warum die Welt so ist wie sie ist und wie sich eure Handlungen als Spieler auf diese Welt auswirken.
2. Sie dienen als bitternötige Oasen der Ruhe in einer Wüste der Angst und des Überlebenskampfes. Kein Survival-Horror-Spiel möchte, dass Spieler sich an die Furcht gewöhnen. Denn wenn man sich an die Angst gewöhnt hat, ist es fast so, als hätte man gar keine Angst mehr. Schriften sind Pausen zum Stressabbauen, damit Anspannung und Furcht danach noch größere Wirkung entfalten können. Es gibt einen Grund, warum es bei

Achterbahnen auf und ab geht und nicht nur abwärts.
Okay, Schwerkraft ist der andere.

Auf die Größe kommt es an

Nun wollen wir über die verschiedenen Typen und
Schattierungen von Schriften sprechen. In ihrer simpelsten und
schlimmsten Form sind sie jene dicken und schweren Wälzer, die
in Spielen wie *Skyrim* an jeder Ecke herumliegen. Langatmige
High-Fantasy-Mini-Epen. Ich glaube, dass sie Überbleibsel aus
älteren RPGs wie *Baldur's Gate* sind, deren Grafik einfacher war
und deren Geschichten langsamer erzählt wurden. Bei diesen alten
Rollenspielen war es *nötig* viel zu lesen, damit das Gameplay Sinn
ergibt. Doch bei actionreichen 3D-RPGs verlangt man von den
Spielern, ein Buch über mittelalterliche Geschichte zu lesen,
während sie mitten in der Schlacht von Hastings stecken. Kein
Wunder, dass unsere Augen bereits beim bloßen Anblick dieser
staubigen Werke glasig werden. Es sei denn, wir dürfen jemanden
damit schlagen. Bedenkt man Größe und Gewicht mancher
Skyrim-Folianten, könnte man damit sogar ziemlich viel Schaden
anrichten.

Daher lautet eine hilfreiche Faustregel:

„Wenn man es nicht mit weniger als 100 Worten ausdrücken kann,
ist es keine Story-Glyphe und gehört nicht ins Spiel."

Ihr wollt der Welt etwas mitteilen, das mehr als 100 Worte
benötigt? Dafür gibt es begleitende Story-Materialien.
Kurzgeschichtensammlungen, Comics und Romane, die in eurer
Spielwelt angesiedelt sind. Begrabt euer Gameplay nicht unter
tonnenweise Lesestoff – es sei denn, ihr möchtet eine interaktive
Geschichte schreiben. Im Fall von *Infinity Blade* entschlossen sich
die Macher, die drei Spiele der Reihe durch Romane von Brandon
Sanderson auf brillante Weise miteinander zu verknüpfen. Diese
bieten all den Story-Kontext, den man sich nur wünschen kann,

ohne dass das Spielerlebnis darunter leidet. Dadurch wurden die Spiele *viel* besser.

Je nach Setting des Spiels können Schriften anders ausfallen. In Leder gebundene Bücher, Schriftrollen, ramponiertes Pergament … all das funktioniert wunderbar in einem Fantasy-Setting. Ist euer Spiel aber futuristisch, möglicherweise Cyberpunk, dürfen eure Schriften auch digital sein. Denkt an die unzähligen E-Books und E-Mails, die man in Spielen wie *Deus Ex: Human Revolution* lesen kann. Ihr braucht euch nur die gewaltige Menge an Text ansehen, die uns in unserer heutigen Welt umgibt. Von der Zutatenliste auf einer Müsliriegelpackung bis hin zu den detaillierten Patienteninformationen, die man vor einer OP durchlesen muss. Schriften gibt es im Überfluss.

Sprachlos

Ich weiß, dass ich damit meiner eigenen Definition widerspreche, doch können Schriften auch komplett visuell sein. Wie die kleinen Zeichnungen, die man in *Submerged* sammeln kann. Diese erzählen, wie Miku und Tiku – die einzigen beiden „menschlichen" Charaktere im Spiel – sich plötzlich in den überfluteten Ruinen einer post-apokalyptischen Stadt wiedergefunden haben. Taku war verletzt, Miku kämpfte um sein Überleben. Außerdem berichten die Schriften davon, wie die Stadt überhaupt zerstört wurde.

Interessanterweise haben die Entwickler von *Submerged* ganz offen zugegeben, dass die Zeichnungen ihrem beschränkten Budget geschuldet waren. Sie wollten eigentlich animierte Zwischensequenzen haben, konnten sich aber einfach keine leisten. Deswegen haben sie sich für schlichte und günstige Zeichnungen entschieden. Das Ergebnis ist viel ergreifender als jede Filmsequenz.

Zu viel des Guten

Achtet jedoch darauf, *wie viele* Schriften ihr im Spiel habt und welchem Zweck diese dienen. Zuvor habe ich *Deus Ex: Human Revolution* mit seinen vielen E-Mails und E-Books erwähnt. Zu viele. Sieht man sich diese digitalen Schriften einmal näher an, stellt man schnell fest, dass nur wenige relevant für die Ereignisse im Spiel sind. Tatsächlich ließe sich dasselbe über *Baldur's Gate* oder *Diablo* sagen. Viel interessantes Zeugs, aber muss man das wirklich alles wissen? Dass ich mich an nichts davon erinnern kann, sagt wohl alles.

Die besten Schriften leisten zwei Dinge:

1. Sie enthalten konkrete Informationen, die den Spielern helfen, das Spiel durchzuspielen.
2. Sie helfen den Spielern, die Spielwelt zu begreifen.

Human Revolution leistet Ersteres mithilfe von Sicherheitscodes, die Spieler in E-Mails oder digitalen Notizbüchern erledigter Feinde finden. Letzteres gewährleistet das Spiel, indem es den Spielern Details über wichtige Charaktere wie Hugh Darrow zukommen lässt. Dennoch gibt es in *Human Revolution* jede Menge Story-Glyphen die nichts von beidem tun. Die meisten E-Mails beschreiben dagegen ausführlich den Tagesablauf von Leuten, deren Leben in der nahen Zukunft sich kaum von unserem heutigen unterscheidet. Ganz ehrlich, das Lesen von E-Mails aus dem Spam-Ordner macht mehr Spaß.

Story-Glyphen voller Banalitäten sind gefährlich, da sie Spielern die Lust nehmen, auch nur *irgendeine* Story-Glyphe zu lesen. Wenn vier von fünf Glyphen nur Banales enthalten, werden die Spieler die ganze Sache mit dem Lesen sein lassen und stattdessen lieber Türen hacken oder Bösewichter umnieten, ohne dass es sie juckt, welche Figur sie spielen oder was diese zum Frühstück hatte.

Eine kleine Anmerkung am Rande: *Niemand* braucht zu wissen, was ein Bossgegner oder ein MOB zum Frühstück hatte, solange es nicht der Spieler-Charakter war oder jemand, den er kannte.

Sparsam im Ausdruck

Schriften sind eine effiziente und günstige Methode, um die Story voranzubringen, ohne dabei Abstriche beim Gameplay machen zu müssen. Sie versorgen die Spieler mit Tipps und Tricks und helfen ihnen dabei, die für sie geschaffene virtuelle Welt zu verstehen und wertzuschätzen. Doch setzt sie sparsam ein und haltet sie kurz und knackig.

Und stellt vor allem sicher, dass sie gut geschrieben sind. Falls ihr einen Autor für das Schreiben eurer Schriften anheuert, solltet ihr sichergehen, dass er Erfahrung mit Flash-Fiction, Texten für das Web oder zumindest mit Kurzgeschichten hat. Engagiert keinen Romanautor, um eure Story-Glyphen zu verfassen. Das findet kein gutes Ende, für niemanden. Ich habe das bereits erlebt, leider mehr als einmal.

Schriften als Puzzleteile

Eine letzte Anmerkung zu Schriften, bevor es weitergeht. Wollt ihr eine lineare Geschichte in euer nicht-lineares Spiel einbauen, dann hackt sie in Stücke und verteilt diese auf eurem Küchentisch. Seht euch die komplette Handlung genau an, schreibt alle Schlüsselszenen,-momente und -ideen auf Karteikarten und werft diese ohne bestimmte Ordnung auf einen Tisch. Dann macht aus jedem dieser Story-Fragmente eine Story-Glyphe.

Ein Beispiel: Ihr wollt ein Spiel aus dem ersten *Alien*-Film machen. Den Moment, als das Alien-Baby aus John Hurts Brust bricht, könntet ihr als Autopsie-Bericht schreiben, den die Spieler auf der Krankenstation finden. Mit etwas Kreativität und wütendem Herumhämmern auf der Tastatur lässt sich jeder dramatische Moment in eine Schrift übersetzen, die man jederzeit im Spiel lesen kann. In Kombination mit anderen Schriften wird daraus eine vollständige furchterregende Story. Obendrein spart ihr euch jede Menge Grafik und Animationen, da all die teuren Spezialeffekte im Kopf des Spielers stattfinden.

Verteilt also eure Story-Fragmente im Spiel und überlasst es den Spielern, dieses narrative Puzzle zusammenzufügen. In diesem Fall können diese Fragmente auch Schriften sein.

KAPITEL 7

FLAVOR-TEXT

In seiner simpelsten Form leistet Flavor-Text genau das, was der Name andeutet. Er verleiht Gegenständen und anderem interaktiven Kleinkram etwas Würze. Wie in diesem Beispiel, das man auf Granaten in *Far Cry 3: Blood Dragon* findet:

„Auch als Insel der Gewürze bekannt, ist diese malerische Karibikinsel ein beliebtes Reiseziel für Touristen aus aller Welt. Moment, das ist Grenada, der Inselstaat. Granaten, auf der anderen Seite, explodieren. Fuck, du wirfst sie und brüllst etwas Dämliches wie ‚Achtung, Granate!‘. Und dann fliegen sie in die Luft.“

Ein ziemlich witziger Text, der die Schlagfertigkeit von *Blood Dragon* perfekt etabliert. Blutige Satire auf First-Person-Shooter und Action-Filme aus den 80er-Jahren.

Doch Flavor-Text kann noch viel mehr. Wie Schriften kann er Hinweise für das Gameplay liefern und gleichzeitig den Spielern helfen, die Spielwelt besser zu verstehen und sich intensiver einzufühlen.

Die Unheilsgemme– Path of Exile

„Das schwindende Licht der Verderbtheit, materialisiert und gefangen in Kristall."

Wenn man es richtig anstellt, ist Flavor-Text wie eine russische Matrjoschka. Oder eine Zwiebel. Schichten, Esel! Nehmen wir den Text zur *Unheilsgemme* auseinander, damit ihr seht, was ich meine.

Erstens: „Schwindend" ist ein Hinweis auf das Gameplay. In Kombination mit „Maligaros Stachel" kann man die Gemme dazu nutzen, die Wurzeln eines riesigen Baums zu zerstören, die den Eingang zu einer uralten Ruine versperren. Die Gemme vernichtet den Baum, er schwindet buchstäblich dahin.

Zweitens: Die Referenz auf die „Verderbtheit". Ich will euch den Spaß nicht „verderben", deswegen nur so viel: Bei der Verderbtheit handelt es sich um eines der großen Geheimnisse in *Path of Exile*. Es genügt die Aussage, dass sie die ganze Spielwelt durchzieht. Die Auswirkungen der Verderbtheit zu verstehen und ihre Quelle zu finden, ist absolut notwendig, um die Geschichte Wraeclasts zu enträtseln. Nur so erfährt man den Grund für den post-apokalyptischen Zustand dieser Welt und warum einige mächtige Charaktere so großes Interesse an ihr zeigen.

Drittens: „Materialisiert und gefangen in Kristall" bezieht sich auf ein weiteres Gameplay-Element in *Path of Exile*. Die Tugend-Gemmen. Es handelt sich um einen Hinweis auf die Natur der Gemmen, ihre Funktionsweise und ihre Herkunft.

Hoffentlich hat euch dieses Beispiel gezeigt, wie gut Flavor-Text sich für Storytelling eignet. Und natürlich dieses hier:

„Ash nazg durbatulûk, ash nazf gimbatul, ash nazg thrakatulûk, agh burzum-ishi krimpatul.“

„Ein Ring, sie zu knechten, sie alle zu finden, ins Dunkel zu treiben und ewig zu binden.“

Ihr seht, Flavor-Text als narratives Stilmittel gibt es schon seit *einiger* Zeit.

Jede Zeile sollte ein Rätsel sein, dass der Spieler mit etwas Hirnschmalz lösen kann. Und Spieler *lieben* es, Dinge wie diese zu entschlüsseln. Es gibt ganze Reddit-Threads, in denen Spieler von *Path of Exile* über die Bedeutung von Flavor-Texten verschiedener Gegenstände diskutieren.

Rüstung mit Aussage

Flavor-Texte müssen nicht für sich alleine stehen. Obwohl das in besonderem Maße auf RPGs mit zahlreichen Gegenständen zutrifft, kann es in jedem Spiel mit virtuellen Sammlerstücken sogenannte „Rüstungen mit Aussage" geben – eine Erfindung von mir. Im wörtlichen Sinn kann dies ein Ausrüstungsset sein, das aus Stiefeln, Beinschienen, Handschuhen, Brustpanzer und Helm besteht. Und weil's gerade so schön ist, legen wir noch einen Ring und ein Medaillon obendrauf. Und natürlich gehörte dieses Set einst einer historischen Figur aus der Spielewelt.

Nehmen wir einen Charakter aus *Bloodgate: Age of Alchemy* als Beispiel.

Pyres Kutte

„Alles was ich wollte, war ein wenig Wärme im Land zu verbreiten." – Lord Pyre

Pyres Brustpanzer

„Wirklich interessant, wie gut menschliches Fett brennt."

– Lord Pyre

Pyres Armbinde

„Feuer ist nicht die Sorte Liebhaber, mit der man Händchen halten kann." – Lord Pyre

Pyres Weg

„Ich habe noch nie ein Hindernis gesehen, das ein schönes Feuer nicht aus dem Weg geräumt hätte." – Lord Pyre

Pyres Licht

„Kein Grund, die Dunkelheit zu fürchten. Ich leuchte euch den Weg." – Lord Pyre

Pyres Medaillon

„Wenn das Heer aus dem Haus ist, muss jemand dafür sorgen, dass das Feuer nicht ausgeht." – Lord Pyre

---

Jupp, Lord Pyre ist ein Pyromane, darauf wird in jeder Zeile hingewiesen. Hat man alle Zeilen zusammengefügt, ist dieser Schluss unvermeidlich. Man beachte, dass er sich nicht das Geringste für seine Taten schämt und davon überzeugt ist, dass seine Zündeleien nicht nur gerechtfertigt, sondern sogar gerecht ist.

Der Spieler hat nun die Möglichkeit, Lord Pyres Rüstung

anzulegen und damit in die Haut des adligen Brandstifters zu schlüpfen. Beim Tragen dieser „Rüstung mit Aussage" fällt es einem schwer, nicht das „gerechte reinigende Feuer" am eigenen Leib zu spüren.

Auf der anderen Seite könnte man das Lord-Pyre-Set dazu nutzen, den Liebhaber von Großbränden als Gegenspieler zu etablieren. Möglicherweise als einen Level-Boss, den es ganz schön nervt, jemand anderen in seiner geliebten Rüstung zu sehen. In sechs Zeilen haben wir einen Bösewicht eingeführt. Und wie sagt das Sprichwort so schön: „Lieber das Übel, das man schon kennt." Denn einen Boss zu töten, mit dem man bereits vertraut ist, ist wesentlich befriedigender.

Flavor-Texte sind nicht auf Gegenstände beschränkt. Sie können jedes interaktive Element in einem Spiel zieren. Zum Beispiel Schnellreisepunkte auf einer Karte. In *Path of Exile* kann man aus der zentralen Stadt eines Aktes heraus in verschiedene Gebiete reisen. Jeder Schnellreisepunkt hat dabei ein oder zwei Zeilen Flavor-Text.

Die Morastebenen – „Luft und Schlamm sind erfüllt mit verderbtem Leben."

Der Schiffsfriedhof – „Geflüsterte Seelenpein ausgesetzter Toter."

Die Kriegsschrein-Ruinen – „Der entweihte Boden ächzt. Der Regen schmeckt nach Zerstörung."

Diese Flavor-Texte verleihen einem Gebiet zusätzliche Atmosphäre auf eine Weise, wie es Gegenstände im Spiel nicht vermögen. Man kann weder den Regen in Wraeclast „schmecken", noch fühlen, ob der Boden unter den Füßen „ächzt". Solche Texte ergänzen das audiovisuelle Erlebnis des Spiels um Sinne, die man in einem isometrischen Action-RPG für PC ansonsten nicht ansprechen könnte.

Flavor-Texte können auch historisches Hintergrundwissen zur virtuellen Umgebung liefern.

Die Kavernen – „Zweitausend Jahre der Reue."

Die Docks – „An der Seite des Fortschritts verblasst das Leben."

Das Zepter Gottes – „Der Höhepunkt der Macht. Der Gipfel der Überheblichkeit."

Diese Orte sind Schauplätze vergangener Tragödien. Beim ersten und beim letzten geht es um den Niedergang ganzer Imperien, aufgrund der wahnwitzigen Ambitionen ihrer Herrscher. Beim mittleren dreht sich alles um Sklaverei und die menschenverachtenden Folgen der Industrialisierung.

Damit wollten wir jenes Gefühl von Geschichte erzeugen, das man auch im wahren Leben beim Betreten historischer Orte verspürt. Wie damals, als ich durch die gepflasterten Straßen Roms geschlendert bin und mich des merkwürdigen Gefühls nicht erwehren konnte, mit meinen Turnschuhen auf denselben Steinen zu wandeln, auf denen einst Römische Legionäre mit ihren Sandalen marschiert sind.

Man kann sogar Flavor-Text für eher technische Spielelemente schreiben – beispielsweise Fertigkeitsbäume. Bestimmte Character-Builds in *Path of Exile* verfügen mittlerweile über eigene Namen und Flavor-Texte.

Waldläuferinnen-Klasse: Totauge

„Eine Frau kann die Welt mit einem einzigen wohlplatzierten Pfeil verändern."

Dieser Text steht sowohl für eine Weltanschauung als auch für einen Spielstil, bei dem Zielgenauigkeit und Waffen mit großer Reichweite favorisiert werden. Bedeutung und Mechanik gehen Hand in Hand, um das Spielerlebnis zu vertiefen.

Doch wie schreibt man gute Flavor-Texte? Wie verfasst man Zeilen, die beim Leser etwas bewirken, die eine wesentliche größere Bedeutung tragen, als die wenigen Worte vermuten ließen?

Sucht euch einen Dichter. Oder stellt zumindest sicher, dass euer Narrative-Designer etwas Erfahrung mit dem Schreiben von Gedichten oder Liedtexten hat.

Klingt cool

Ich kann euch eine ganz einfache Art nennen, wie ihr eure Flavor-Texte komplett versauen könnt. Und zwar indem ihr einfach nur schreibt, was sich „cool" anhört. Diesen Fehler haben schon viele Entwickler gemacht, weil die Arbeit meistens von einem Game-Designer erledigt wird, der in seiner Freizeit ein bisschen schreibt. Ein Dichter muss jedoch Jahre dafür üben, bis er Großes, Bedeutsames und Bewegendes in nur wenigen Zeilen ausdrücken kann. Ein Flavor-Text ist die Spitze eines Eisbergs, dessen verborgene Größe und Gewicht die Spieler spüren sollen. Wenn man nur schreibt, was sich „cool anhört", führt das zu Zeilen, die bei genauer Betrachtung keinen Sinn ergeben. Außerdem klingt nach ein paar hundert Gegenständen jeder Flavor-Text gleich.

„Die Faust von Az'Turrasq" aus *Diablo III*

„Der korrupte Magistrat von Az'Turrasq bestrafte kleinere Verbrechen nach Lust und Laune, und das immer im Namen der Ordnung. Unschuldige und Schuldige gleichermaßen wurden während seiner schrecklichen Regierungszeit zu Hunderten verkrüppelt oder getötet."

Nun, er ist der Magistrat, oder? Wie kann er kleinere Verbrechen also nach Lust und Laune bestrafen? Immerhin ist das sein Job! Er wird dafür bezahlt. Und Moment mal, wenn er kleinere Verbrechen bestraft, wieso werden dann „die Unschuldigen" verkrüppelt und getötet? Klar, kleinere Verbrechen sind nicht dasselbe wie Verstümmelung oder Mord. Aber wer auf dem Marktplatz deine Geldbörse klaut, ist nicht gerade „unschuldig". Der Magistrat kennt also weder den Unterschied zwischen Pflicht und Laune, noch kann er Unschuld und kleine Verbrechen auseinanderhalten. Jupp, er war sicherlich ganz schön „furchtbar".

Aber hey, es kommen Wörter wie „korrupt" und „verkrüppelt" und „schreckliche Regierungszeit" vor. Zumindest klingt es also cool.

Klingt langweilig

Auf der anderen Seite haben wir Flavor-Text, der vollkommen Sinn ergibt, jede Menge schlüssige Details liefert, aber einfach nur langweilt.

„Auge des Feuervogels" aus *Diablo III*

„Diese Kugel ist ein sich schnell drehender Energiewirbel. Sie kann Arkan- und Thermalenergien für lange Zeit speichern, und wenn der Wirbel umgekehrt wird, werden diese Energien freigesetzt." – Magus Arrin Eberhart

---

Bei Flavor-Text geht es nicht um Fakten. Wie ein Gegenstand funktioniert, erklären seine Werte. Bei Flavor-Text geht es um … nun ja, Flavor. Er soll ein Gefühl für den Gegenstand vermitteln und für die Welt, aus der er stammt. Und ja, Langeweile ist ein Gefühl – aber keines, das einer eurer Spieler empfinden sollte.

Klingt wie ein Verkaufsargument

„Letzter Atemzug" aus *Diablo III*

„Sogar ein Untoter könnte durch die Macht dieser Klinge den wahren Tod finden."

Wirklich? Bekomme ich ein Gratisset Steakmesser dazu?

So vermeidet ihr flavorige Stolpersteine

Hier ein Vorschlag, wie ihr sinnlose, gleiche, eintönige und verkaufende Flavor-Texte vermeidet:

Sucht euch ein Thema für eure Gegenstände. Angenommen, ihr habt ein Set von Gegenständen, das einem bestimmten Kulturkreis entstammt, beispielsweise dem der Maraketh aus dem Kapitel über Worldbuilding. Dann solltet ihr sicherstellen, dass die Flavor-Texte diesen Kulturkreis sowohl inhaltlich als auch stilistisch widerspiegeln. Seht euch alte mongolische und japanische Sprichwörter an. Versucht ein Gefühl dafür zu bekommen, wie sie geschrieben sind, welche Bilderwelten sie heraufbeschwören und auf welchen spirituellen Hintergrund sie verweisen. Dann soll euer Autor diesen Stil nachahmen und sich dabei auf die

Lebensweise, die Gottheiten und die Philosophie der Maraketh beziehen. Nutzt Flavor-Texte, um euren Spielern zu helfen, diese erfundene Kultur besser zu verstehen.

Im besten Fall verweisen Flavor-Texte auf bestimmte Figuren und Ereignisse in eurer Spielwelt. Ihr könnt nicht allzu viel falsch machen, wenn ihr euch auf Charaktere und historische Ereignisse bezieht, die Teil eures bestehenden Kanons sind.

Tausend Schleifen **(Robe)**

„Die Nacht der tausendfachen Schleifen

erinnert an den Tag, als tausendfach Flammen loderten,

da Sarn brannte

und wiedergeboren wurde."

Der Text zu diesem Gegenstand bezieht sich auf die Nacht des großen Feuers in Sarn, der Hauptstadt des Ewigen Reichs von Wraeclast, das weite Teile der Stadt zerstörte und tausende Einwohner das Leben kostete.

Flavor-Texte eignen sich hervorragend dazu, ein Spiel kostengünstig mit Story auszustatten. Es braucht nicht mehr als „ein Lannister begleicht stets seine Schuld", um das bloße Gewicht zu schätzen, das ein einzelner Satz tragen kann.

Goldene Regeln

Abschließend noch ein paar goldene Regeln für das Schreiben von Flavor-Texten.

1. Flavor-Text muss zur Hintergrundgeschichte eurer Spielwelt passen.

2. Damit alle Flavor-Texte auch inhaltlich zusammenpassen, sollte sich ein einziger Autor darum kümmern. Eine Person verantwortet jede Zeile, auch wenn mehrere Autoren diese produzieren.
3. Wenn ein Text nichts aussagt und sich nur cool anhört, gehört er nicht ins Spiel.
4. Wenn er nur etwas erklärt, ist er wahrscheinlich ziemlich öde. Verwendet ihn also nicht.
5. Wenn er versucht, den Gegenstand als das Besteste und Epischste evar zu verkaufen, dann spart ihn euch.
6. Flavor-Texte sind Lyrik, keine Prosa. Jedes Wort zählt.

Flavor-Texte sollen dem Spieler Appetit auf eure Spielwelt machen. Stellt also sicher, dass ihr genug davon auf der Speisekarte habt und dass sie gut schmecken.

KAPITEL 8

Dieser Begriff umschreibt alle Story-Glyphen, die sich nicht so recht als Schriften oder Flavor-Text einordnen lassen. Der Hauptunterschied ist aber, dass Umgebungselemente nicht interaktiv sind. Sie sind Teil der „Kulissen". Der Spieler kann sie sehen, sie hören, aber sie nicht anfassen.

Zurück zu einem früheren Beispiel, jener Szene aus *Alien*, in der das Baby-Alien aus John Hurts Brust hervorbricht. Nehmen wir an, Captain Dallas hätte den Blutfleck nicht aus den Polstern bekommen, egal wie wild er herumgeschrubbt hätte. Im dazugehörigen Videospiel sehen die Spieler dann diesen Fleck und wissen, dass hier etwas Schlimmes passiert sein muss. Ansonsten können sie nichts mit dem Fleck anstellen. Weder öffnet seine Berührung eine geheime Luke, noch infiziert er die Spieler mit einem fleischfressenden Xenomorph-Virus. Der Fleck soll nur ausdrücken „hier ist jemand gestorben" und dass auf diesem scheinbar verlassenen Raumschiff Gefahren lauern. Moment, Ripley hat das Schiff ja am Ende des Films in die Luft gesprengt. Egal, wir tun einfach so, als wäre das nie passiert.

Zeichen des Unheils

In *Submerged* wird die Umgebung sehr subtil und sehr clever eingesetzt. Die überfluteten Ruinen, durch die Miku sich kämpfen muss, sind voller Leben. Doch man merkt schnell, dass damit etwas nicht in Ordnung ist. Die Wale sind das beste Beispiel dafür. Auf den ersten Blick wirken sie vollkommen normal. Doch sieht man genau hin, bemerkt man grüne Algen auf ihrer Haut und zahlreiche Kerben und Risse auf ihrem Kopf und ihren Flossen. Die Wale wirken gesund und munter, doch sind sie offensichtlich von einem biologischen Übel verändert worden.

Wem diese Absonderlichkeiten in der Tierwelt auffallen, bekommt ein Gespür für die Gefahr, die in den Ruinen lauert. Eine Infektion, die zu einer Verwandlung führt. Eine Bedrohung, die sich schon bald in Miku manifestieren wird.

Ähnlich gut funktionieren die Story-Glyphen in der Umgebung von *The Stanley Parable*. Würdet ihr durch eine Tür gehen, auf die zahlreiche Pfeile zeigen? Eine Tür die förmlich schreit: „Hier hinein?" Eine der Türen ist sogar mit Lichterketten umgeben! In diesem Fall wird der visuelle Hinweis durch den Erzähler verstärkt, der die Spieler dazu drängt, durch die Tür zu gehen. Doch eigentlich braucht man den Erzähler gar nicht. Die Tür sagt alles, was nötig ist. Irgendjemand versucht verzweifelt, einen durch diese Tür zu locken, doch solch große Verzweiflung verheißt selten etwas Gutes.

Storytelling über die Umgebung ist besonders wichtig in einem Spiel wie *Path of Exile*. Der Schlamm und das Blut in Daressos Arena zeigen einen Ausschnitt aus dem Leben eines Duellanten, der auf ewig für die Belustigung des Publikums töten muss. Die gigantischen Karui-Schnitzereien, das Feuer und die Lava in „Kaoms Feste" stehen für Kaoms Narzissmus und seinen Glauben, der einzige Sohn des Kriegsgottes Tukohama zu sein. Abgetrennte

Körperteile liegen rings um die Feuerstellen der Kannibalenküste, der Rest der verstümmelten Opfer hängt unweit davon von Pfählen herab. Im Lunaristempel stapeln sich ausgemergelte Leichen, unmittelbar neben den steampunkigen Versuchsgeräten, auf denen sie aufgeschnitten wurden – natürlich im Namen der Wissenschaft! Das alles sind ziemlich düstere Szenen, doch so ist Wraeclast eben – ein Land getränkt in blutiger Ambition und tragischer Hybris. Dieses Thema ist nirgendwo besser eingefangen, als auf den Toren des Zepter Gottes. Dort sieht man Menschen beim Tauziehen gegen ein von ihnen beschworenes von Lovecraft inspiriertes Ungeheuer, das sie nun versklaven wollen. Eine Warnung, dass man manche Dinge besser in Frieden lassen sollte.

Situationsbezogenes Denken

So oder so müsst ihr Umgebungen für euer Spiel entwerfen. Gameplay kann nicht in der Leere existieren. Es sei denn, euer Spiel dreht sich um eine Astronautin, die einsam und allein im Weltall treibt und versucht bis zu ihrer Rettung zu überleben. Na ja, selbst in diesem Szenario braucht es *ein wenig* Umgebung. Ihren Raumanzug, die Sterne, kosmische Objekte, die an ihr vorüberziehen … also eigentlich will ich Folgendes sagen:

Wenn ihr ohnehin eine Umgebung entwerfen müsst, könnt ihr sie auch gleich mit Bedeutung füllen.

Der Trick dabei ist, sich vom reinen mechanischen Denken zu verabschieden. Kein „diese Plattform kommt hierhin und sie bewegt sich mit der und der Geschwindigkeit, damit der Spieler darauf hüpfen kann". Denkt stattdessen situationsbezogen.

Wir befinden uns in den uralten Katakomben einer verfallenen Kathedrale. Und dort gibt es riesige Spinnen. Natürlich gibt es dort riesige Spinnen. Es gibt *immer* riesige Spinnen, oder? Die Knochen und Schädel längst verstorbener Glaubensbrüder und -

schwestern zieren die Wände. Dieser Ort ist ein Beinhaus. Die Plattform wurde dafür also gebaut, die heiligen Gebeine durch die Katakomben zu transportieren. Das hat die Arbeit der Mönche enorm erleichtert.

Doch Moment – warum ist es so schwer, von einer Plattform zur anderen zu gelangen? Wollten die Mönche ihre Arbeit nicht *einfacher* machen? Nun ja, der Zahn der Zeit hat an der großen Maschine genagt, die hinter den Kulissen ihr Werk verrichtet. Rost und kaputte Teile haben im Laufe der Jahrhunderte dafür gesorgt, dass alles aus den Fugen geraten ist. Und dann wäre da noch der Fluch. Denn keiner der Mönche ist friedlich in seinem Bett gestorben. Arme Mönche, in Videospielen haben sie's meistens hart. Immer stecken sie ihre Nasen in Angelegenheiten, die sie nichts angehen und meist zu einem schrecklich grausamen Ende führen.

Diese Idee kratzt nur an der Oberfläche dessen, was möglich ist. Ich hoffe aber, dass ihr dennoch die Möglichkeiten seht. Die Plattformen sind nun Teile einer meisterhaft konstruierten Maschine, die ohne Meister langsam verrottet. Und das nur aufgrund längst in Vergessenheit geratener Wahnvorstellungen und Torheiten. Damit bekommt die Umgebung „narratives Gewicht", das die Spieler beim Betreten spüren. Falls ihr jemals in Alcatraz, Edinburgh Castle oder der Kathedrale von Sailsbury gewesen seid, versteht ihr, was ich meine. Beim Hineingehen kann man die Geschichte förmlich *fühlen*. Fühlbares Gewicht, nicht auf den Schultern, sondern auf der Seele. *Das* ist die Macht von Umgebungselementen. Sie macht aus ein paar Plattformen, Korridoren, Fallen und verschlossenen Türen einen Ort, der vor lauter Geschichte nur so stinkt. Im Falle eines Kerkers stimmt das sogar wortwörtlich. Ungewaschene Körper, Eimer voller Ausscheidungen und der allgegenwärtige Moder – diese Orte müssen zum Himmel gestunken haben.

Klingt teuer

Natürlich stellt sich für uns Indie-Entwickler immer die Budgetfrage. Maßgeschneiderte Art-Assets sind teuer. Man muss nur in *Bioshock Infinite* durch die Straßen der fliegenden Stadt Columbia schlendern, um zu sehen, wie viel Geld man für handgemachte Assets ausgeben kann. Dieser Ort ist wunderschön und ein Paradebeispiel dafür, was man über die Umgebung erzählen kann. Dennoch läuft mir ein Schauer über den Rücken, wenn ich an all das Geld denke, das man dafür ausgegeben hat. Den Großteil der Stadt sieht man nur ein einziges Mal! Ein finanzieller Albtraum.

Zum Glück gibt es eine ganze Reihe bewährter Mittel, mit denen Indie-Entwickler geschichtsträchtige Umgebungen erschaffen können, die deutlich weniger kosten als das Bruttosozialprodukt eines Entwicklungslandes.

Asset-Shops sind heutzutage ein gutgehendes Geschäft. Natürlich besteht bei vorgefertigten Assets die Gefahr, dass sie entweder über einer eingeschriebenen Bedeutung verfügen oder komplett ohne daherkommen. Wobei Letzteres wesentlich öfter vorkommt, da Assets, die auf alles passen, den größten Absatz finden. Doch da gibt es einen Trick.

Kuratieren

Es kommt nicht darauf an, welche Assets man hat, sondern wie man sie arrangiert.

Versuchen wie es mit einem konkreteren Beispiel: Vor Kurzem hatte ich das große Vergnügen, meine Lebensgefährtin und meine Töchter auf eine Tour durch das *Thunderbirds*-Studio zu begleiten. Das Ganze war auf dem Gelände von Weta Workshop in Wellington, Neuseeland. Die Kulissen der Serie bestehen ausschließlich Miniaturen, die zu meiner großen Überraschung aus „gefundenen" Gegenständen gebaut wurden. Die Macher durchstöbern Secondhand-Läden, Wertstoffhöfe und Online-Marktplätze nach Krimskrams, aus dem sie Strukturen wie das Schiff von „The Hood" bauen. Sieht man sich das Ding näher an, besteht es nur aus alten Computerteilen, Elementen einer Klimaanlage und nahezu jedem Technik-Schrott, dem man sich vorstellen kann. Als Ganzes betrachtet, ist das Schiff aber ein Meisterstück der postmodernen Ingenieurskunst.

Nebenbei bemerkt, haben die *Thunderbird*-Designer sich zur Aufgabe gemacht, in jede Folge eine Zitronenpresse aus den 60ern einzubauen.

Das ist genau die Art von Genialität, die man braucht, wenn man aus Standard-Assets eine bedeutsame Umgebung erschaffen möchte. Wichtig sind hier die Komposition und der Gesamteindruck.

Komposition = Damit meine ich die Bedeutung, die sich zwischen zwei Objekten ergibt, wenn man sich nebeneinander platziert.

Gesamteindruck = Das Ganze ist mehr als die Summe seiner Teile.

Bevor ihr losrennt und eure Spielumgebung mit euren frischgekauften Assets ausstattet, solltet ihr euch mit einem Kurator eines Museums oder Kunstgalerie unterhalten. Fragt ihn darüber aus, wie er eine Reihe unzusammenhängender Gegenstände in eine Sammlung verwandelt, die für den Besucher Sinn ergibt und ihn emotional bewegt.

MOBs

Zuvor habe ich gesagt, dass die Merkmale einer Umgebung meistens nicht interaktiv sind. Doch beschränkt euch dabei nicht auf Steine, Bäume, Wasserfälle und Käfige voll mit Skeletten der armen Wichte, die es gewagt haben, dem herrschenden König zu widersprechen. Denkt auch an die MOBs! Wo Kreaturen und Bösewichte sich versammeln, ist genauso wichtig wie die Steuerpulte und Bildschirme auf der Brücke eines Raumschiffs oder die Entfernung zwischen einer Blutlache und einer ausgemergelten Leiche.

Bei *Path of Exile* sind wir relativ am Anfang der Entwicklung auf dieses Problem gestoßen. Entlang der Küste hatten wir Zombies und feindlich gesinnte Menschen, die buchstäblich Seite an Seite herumstanden. Doch was passiert normalerweise, wenn man einen Zombie direkt neben einem Menschen platziert? Es ist Essenszeit … für den Zombie. Doch in diesem Fall schienen die Zombies kein Interesse an einem schnellen Snack zu haben. Stattdessen hatten sie Appetit auf den Spieler, was für sie freilich wesentlich gefährlicher und womöglich sogar tödlich war. Nicht *jeder* Spieler bemerkt Widersprüche wie diese, doch für diejenigen, die es tun, ruinieren sie das Erlebnis. Aus Tragödie wird Komödie und falls euer Spiel Dark-Fantasy oder Survival-Horror sein soll, ist das wirklich das *Letzte*, was ihr wollt.

Aus dieser Erfahrung habe ich viel gelernt und konnte bei *Bloodgate: Age of Alchemy* das Problem ganz anders angehen. Die Monster in diesem Spiel haben wir so entworfen, dass sie nur in bestimmten Umgebungen existieren. Werbären leben in den Bergen, während Werwölfe die Wälder bevölkern. Fischmenschen brauchen die Nähe von Wasser, mutierte Käfer und infizierte Minenarbeiter treiben sich unter Tage herum. Wir haben genau auf die Gegensätzlichkeiten unserer MOBs geachtet, damit die Bewohner unserer Spielewelt auch Sinn ergeben.

Die Welt muss Sinn machen

Die Existenz von Landschaften und MOBs in der Spielwelt muss auch unabhängig vom Spieler Sinn ergeben.

Wenn ihr wandern geht, solltet ihr euch darüber im Klaren

darüber sein, dass die Wildnis nicht einfach auf euch gewartet hat, um dann ihre Natur-Show abzuziehen. Die meiste Zeit interessiert die Natur sich nicht im Geringsten für euch. Außer wenn sie hungrig ist oder ihr gerade in ihr Nest getreten seid.

Entwerft eure Umgebungen so, dass sie ihre eigene Story erzählen. Dass sie ein Eigenleben haben, das auch ohne den Einfluss der Spieler Sinn ergibt.

Das funktioniert mit sorgfältig kuratierten Standard-Assets *oder* so, wie ich es euch gleich zeigen werde.

Maßgeschneiderte Assets

Ihr könnt euch bei eurem Indie-Spiel auch immer für „weniger ist mehr" entscheiden. Anstatt hyperrealistischem 3D könnt ihr es auch mit stark vereinfachtem oder stilisiertem 3D versuchen oder gar mit 2D.

Amnesia: The Dark Descent und *A Machine for Pigs* fahren einen vereinfachten Ansatz, der nur wenige bewegte Elemente vorsieht. Es gibt *sehr* wenig MOBs in diesen Spielen, offensichtlich wurde das Budget für die Entwicklung der abwechslungsreichen und atmosphärischen Umgebung ausgegeben. Trotzdem erkennt man deutlich, dass viele Elemente wiederverwendet werden. Das ändert aber nichts an dem Gefühl ständiger Bedrohung und dem Eindruck, dass die Wände immer näher rücken. Bei *Gone Home* liegt der Fall recht ähnlich, bei *The Stanley Parable* sogar noch mehr. Entfernt man Animationen für MOBs aus der Gleichung hat man plötzlich jede Menge Ressourcen für das Design der Umgebung.

Aber hey, am Ende bin ich doch nur der Autor. Euch zu sagen, wofür ihr euer Grafikbudget ausgeben sollt, ist nicht meine Aufgabe. Doch Moment … eigentlich *ist* es meine Aufgabe, euch zu sagen, wofür ihr euer Grafikbudget ausgeben sollt. Denn als Narrative Designer bin ich derjenige, der sich die ganzen

Konzepte überhaupt erst ausdenkt! Ein günstiger aber effektiver Grafikstil, der seine eigene Story erzählt und sich von der Konkurrenz abhebt, beginnt nicht erst bei euren Grafikern, sondern bei eurem Narrative Designer.

Das ist in ganz besonderem Maße bei *The Stanley Parable* der Fall. Von den tristen Büros am Anfang bis zu den surrealen Szenen „hinter den Kulissen" – jede Umgebung ist eine Story-Umgebung. Vor allem deswegen, weil die Umgebung in *The Stanley Parable* tatsächlich von einem Erzähler erschaffen wurde. Einem waschechten Geschichtenerzähler. Man wandert durch seine Vorstellungswelt, folgt den liebevoll gestalteten Wegen oder verlässt sie, um seine halbgaren Ideen und unfertigen Konstruktionen zu erkunden. Falls ihr *The Stanley Parable* gespielt habt – was jeder Indie Game und Narrative Designer getan haben sollte – wisst ihr, dass selbst die aufwendigsten Umgebungen in diesem Spiel relativ einfach und günstig von einem 3D-Artist gebaut werden können.

Immersion

Wenn beim Umgebungsdesign etwas schiefläuft, liegt das oft an dem verbreiteten Irrglauben, dass Immersion Realismus voraussetzt.

Für wie immersiv haltet ihr die Realität? Wenn ihr aus eurer Haustür geht und euch der Welt stellt – egal ob Wald, Wohngebiet oder Parkplatz – könnt ihr wirklich behaupten, dass ihr zu 100 Prozent in diesem Moment vertieft seid? Ist euer riesiges Appartement-Gebäude immersiver als eine Schwarzweiß-Zeichnung von Gotham City? Ist euer Wald immersiver als die gruseligen Miniaturwälder aus *A Nightmare Before Christmas*? Wahrscheinlich nicht.

Trotzdem scheinen AAA-Spiele auf Teufel komm raus „realistisch" aussehen zu wollen, selbst bei fantastischen Welten. Doch

Hyperrealismus hat das Problem, dass dem Publikum jedes einzelne Detail bereits präsentiert wird. Jedes Haar, jeder Blutfleck und jede Kerbe auf einer Streitaxt, jede Fliege und jedes Blütenblatt. Jede Umgebung ist so vollgepackt mit detailgetreuer Realität, dass überhaupt kein Spielraum für die menschliche Vorstellungskraft bleibt.

Und wisst ihr was? Falls ihr eure Spieler nicht gerade in einer dunklen Gasse mit einem Messer in echte Todesangst versetzen wollt, gibt keine bessere Möglichkeit zum Erzeugen von Aktivität und Immersion, als ihre Vorstellungskraft anzuregen.

Im Folgenden werde ich zwei Spielbücher als Beispiele nutzen. Zwei Klingen mit denen ich euer Gehirn zu Schaschlik verarbeiten werde. Keine Sorge, das wird nicht weh tun – zumindest nicht sehr.

Beispiel 1 – *Einsamer Wolf*

Als Jugendlicher bis weit in meine Zwanziger habe ich jedes einzelne der Spielbücher von *Einsamer Wolf* gespielt. Kein Wunder also, dass meine Geek-Seele Luftsprünge machte, als eine aufwendige *Einsamer Wolf*-App für iOS veröffentlicht wurde. Sie war prächtig anzusehen, leistete sich aber einen einzigen sehr teuren und sehr unglücklichen Fehltritt.

Spielbücher sind für Text-Liebhaber. Man muss gleichermaßen Leser wie Spieler sein, um wirklich Spaß an einem Spielbuch zu haben. Doch kommt es in der *Einsamer Wolf*-App zum Kampf, weichen der wunderbare Text und die Symbolik einem rundenbasierten 3D-Gefecht in der 3rd-Person-Perspektive. Von Schwarzweiß zu Farbe, von Vorstellung zu vollständig realisiert – zumindest aus der Sicht der Entwickler.

Und das Ergebnis? Ein furchtbar unpassendes Erlebnis, das mir jeden Spaß am Spielbuch verdorben hat. Wieso? Weil ein RPG-Kampfsystem mit allem Drum und Dran keinerlei Raum für

Fantasie lässt. Mein ganzer gedanklicher Zugang hat sich verändet: Von der Vorstellung zur Reaktion, vom Nachdenken zum Handeln. Beim Lesen kann man sich die Zeit selbst einteilen und kurz pausieren, um die Worte wirken zu lassen und über das Gelesene nachzudenken. Bei einem 3D-Kampfsystem ist man der „Entwickler-Zeit" unterworfen und muss sich der Spielmechanik anpassen oder sterben.

Einmal von der Fantasie zum Überlebenskampf gewechselt, gab es kein Zurück mehr. Beim Lesen schweifte mein Blick ab, während meine Finger sich nach etwas zu tun sehnten. Ich machte das Spiel aus und schaltete es nie wieder an.

In *Einsamer Wolf* prallen verschiedene Stile aufeinander, die nicht zusammenpassen. Und wenn der Stil nicht funktioniert, funktioniert auch der psychologische Aspekt nicht.

Beispiel 2 – *Sorcery!*

Zur selben Zeit habe ich auch alle Teile von Steve Jacksons *Sorcery*-Reihe gespielt. Während der Kontext ähnlich ist, ist die Umsetzung wie Tag und Nacht. In *Sorcery* gibt es sowohl ein Kampf- als auch ein Magiesystem. Doch wo *Einsamer Wolf* einen mit bemühtem Realismus überschüttet, empfängt *Sorcery* einen mit den offenen Armen der Abstraktion. Hier werden Kämpfe in 2D dargestellt, mithilfe von einfach gezeichneten Versionen des Spieler-Charakters und seiner Gegner. Jeder Zug wird in Textform beschrieben, weshalb sich die App mehr wie ein Tabletop-RPG als ein Videospiel anfühlt. Ähnlich sieht es beim Magiesystem aus, bei dem man schwebende Buchstabenkombinationen zu Zaubersprüchen zusammenfügt. Das ist grundlegend symbolisch und linguistisch.

Was Partizipation und Vergnügen anbelangt, ist der Unterschied gewaltig. Der Übergang zwischen lesen und kämpfen/zaubern geschieht nahtlos, bei den Kämpfen gibt es keinen Zeitdruck.

Stattdessen laden sie zum Überlegen ein, mehr wie ein Schachspiel als *Final Fantasy* oder *Darkest Dungeon*. Während der ganzen Zeit hat mich nichts aus meiner nachdenklichen und interpretierenden Denkweise gerissen.

Versteht mich nicht falsch: Das Ganze ist immer noch spannend und aufregend, aber nur weil ich mir den Kampf selbst vorstelle. Die Vorstellung selbst sorgt für die Immersion.

Habt ihr noch etwas Platz für mich?

Bei *Sorcery* habe ich mich so wohl gefühlt, dass ich mich problemlos in der Geschichte und dem Spielerlebnis verlieren konnte. Dagegen hat das Kampfsystem von *Einsamer Wolf* mich in eine ungewohnte, feindliche Umgebung geworfen, in der ich meiner selbst *vollkommen* bewusst war.

Egal ob man etwas Neues erschafft wie in *Minecraft* oder ob man die Welt interpretiert wie in *Journey*, Immersion entspringt der Vorstellungskraft und nicht dem Realismus. Bitte entwerft eure Spielwelten mit diesem Gedanken im Hinterkopf. „Immersion" bedeutet wörtlich, in etwas einzutauchen – egal ob es sich dabei um ein Becken voll Wasser oder eine emotional ansprechende Visualisierung handelt. Man kann in nichts eintauchen, worin es keinen Platz gibt.

Vor Neugier platzen – mit Freuden!

Okay, wollen wir das Ganze ein letztes Mal auf den Punkt bringen:

1. Kuration
2. Vorstellungskraft

Kuratiert eure Standard-Assets so, dass die Platzierung eines jeden Gegenstand etwas *aussagt*. Blicken sich die griechischen Statuen von Mann und Frau gegenseitig an oder wenden sie sich voneinander ab? Beides sind generische Objekte, doch in ihrer „Beziehung" verbirgt sich ihre Geschichte.

Entscheidet ihr euch für maßgeschneiderte Assets, solltet ihr euch vor dem Pleitegeier in Acht nehmen. Wählt also einen Grafik-Stil, der euch nicht allzu teuer kommt, aber trotzdem genug Raum für Neugier, Interpretation und sogar Kreativität bietet – falls euer Spiel letzteres zulässt.

Und sorgt dafür, dass euer Narrative Designer von Anfang an bei diesem Prozess dabei ist. Auch wenn Grafiker wahrscheinlich besser darin sind, die Details einer Szene zu visualisieren – obwohl das nicht immer der Fall ist. Ihr braucht euch nur einmal ansehen, wie George R.R. Martin in *Ein Lied von Eis und Feuer* die Festgelage seiner adeligen Protagonisten beschreibt. So visuell und detailverliebt können Autoren sein. Zudem genießt euer Autor gegenüber eurem Grafiker einen entscheidenden Vorteil: Er ist von Geschichten geradezu besessen.

Autoren sehen Storys in *allem*. Sie kaufen keine Tasse, weil diese die richtige Menge Kaffee oder Tee fasst. Sie kaufen eine Tasse, weil Darth Vader darauf abgebildet ist und das Behältnis somit von der Dunklen Seite der Macht beseelt ist. Damit wird sie zu einem magischen Gefäß, ein Schluck daraus und man kann die gewaltigsten Epen und die düsterste Dark Fantasy schreiben. Okay, ich rede hier von *meiner* Tasse. Aber leider habe ich den Fehler gemacht, sie in den Geschirrspüler zu stecken und nun fehlt Darth das halbe Gesicht.

Unabhängig vom halben Darth stellt euer Autor zudem sicher, dass die visuelle Umsetzung eurer Spielwelt reichlich Story enthält. Eine reichhaltige Erzählung, die euer Grafiker in atemberaubende Bilder verwandeln kann.

Versteht mich nicht falsch: Grafiker sind großartige Menschen, die pure Magie erschaffen. Was sie tun, könnte ich niemals. Doch wollt ihr eine Spielewelt, die vor Geschichte, Bedeutung und Mythologie nur so strotzt, solltet ihr „den Bock nicht zum Gärtner machen".

Lasst euren Narrative Designer die zweite Sache erledigen, die er oder sie gut kann: designen.

KAPITEL 9

STORY-GLYPHEN – DIE LETZTE RUNDE

Okay, der Barkeeper knippst schon die ganze Zeit das Licht aus und an. Hören wir also auf mit dem ganzen Gerede über Story-Glyphen. Doch während wir den letzten Schluck von unserem Trank der ewigen Weisheit nehmen, wollen wir noch einmal die Grundlagen durchgehen.

Schriften

Damit meine ich jede Art von Text, der dazu beiträgt, die „Story" eines Spiels zu erzählen. Bücher, E-Mails, Lieferscheine für Giftmüllfässer und Zellenwände, auf die jemand seine Lebensgeschichte in Blut geschrieben hat. Man findet sie in uralten Bibliotheken, verschütteten Ruinen, verlassenen Anwesen und hackbaren Cyberpunk-Computer-Systemen. Stellt einfach nur sicher, dass sie nicht länger als 100 Wörter sind und dass sich euer Narrative Designer mit Flash Fiction und/oder texten für das Web auskennt.

Flavor-Text

Das sind all jene kurzen Gedichte, witzigen Einzeiler und aufwühlenden Zitate, die man auf Gegenständen, Karten, Fertigkeitsbäumen, Fahrzeugen, Charakterbögen und so ziemlich allen anderen Arten von interaktiven Objekten findet. Diese eigenen sich perfekt dafür, Bedeutung und Hintergrundwissen im Überfluss zu transportieren. Betrachtet Flavor-Text als euer Salz und Pfeffer oder eure narrative Party-Mischung. Und um Himmels Willen, holt euch einen Dichter, um euren Flavor-Text zu schreiben. Denkt immer daran, dass „cool" kein Ersatz für „schlüssig" ist.

Umgebungselemente

Was habt ihr über mein Aussehen gesagt? Auf eine struppig-gutaussehend mit einem gewissen Geek-Charme? Ok, damit kann ich leben. Aber könnt ihr mit solchen Spieler-Reaktionen leben: „Ganz unterhaltsam, wirklich hübsch, aber hat mir gar nichts bedeutet." Ihr wollt mit Sicherheit *nicht*, dass die Spieler das über eure liebevoll gestaltete virtuelle Welt sagen. Denkt an die Komposition und den Gesamteindruck. Denkt an Kuration und Vorstellungskraft. Und bitte lasst euch von eurem Narrative Designer helfen. Der hat das Herumspinnen zu seinem Beruf gemacht und weiß daher ein paar Dinge über Visualisierung und dem Lesen zwischen den Zeilen.

Autoren erkennen überall Muster, ähnlich wie Verschwörungs-theoretiker, nur ohne Aluhut auf dem Kopf.

KAPITEL 10

WIE MAN EINEN AUTOR EINSTELLT

Okay, nachdem ihr euch ausgiebig mit all dem narrativen Zeugs beschäftigt habt und damit, wie ihr es auf eure Story anwenden könnt, ist es an der Zeit, einen Autor einzustellen.

Doch wo, oh wo findet ihr nur so ein seltenes und edles Wesen?

Fangt am besten damit an, euch in der Indie-Community umzuhören. Möglicherweise treibt sich dort jemand herum oder vielleicht können einige Entwickler sogar jemanden empfehlen, mit dem sie bereits zusammengearbeitet haben.

Oder falls ihr gerade auf dem Weg zu einer Spieleentwicklerkonferenz seid – vorzugsweise eine der kleineren, die auf Indies ausgerichtet ist – seht nach, ob jemand einen Vortrag über Narrative Design hält und sprecht ihn einfach an. Keine Sorge, Autoren sind im Regelfall ein umgänglicher Haufen. Außerdem sind sie der Wahnsinn, falls ihr euch gerade in einer ausweglosen lebensbedrohlichen Lage befinden solltet. Ich sage nur Alan Wake, Adrien Brody in *King Kong* und vergessen wir nicht Jessica Fletcher in *Mord ist ihr Hobby*!

Hat all das nicht geklappt, ist es Zeit für dieses Internetz.

Damit meine ich aber mit Sicherheit *nicht* Seiten wie Freelancer.com oder Ähnliches. Diese Seiten stehen für den Verfall von professionellen und sozialen Standards. Wirklich erfahrene und talentierte Narrative Designer werden sich dort nicht herumtreiben.

„Wenn ihr glaubt es sei teuer, einen Profi für den Job anzuheuern, dann versucht es mal mit einem Amateur." – Red Adair

---

Wo *solltet* ihr also suchen? Bei LinkedIn, Xing, Facebook und dem guten alten Google. Sollte ein Autor seit mehr als einem Jahr als Freiberufler unterwegs sein, stehen die Chancen gut, dass er sich online verkaufen kann. Dann sollte er oder sie eine Webseite haben oder zumindest ein aussagekräftiges Profil auf LinkedIn, Xing oder Facebook. Einen Blick auf Reddit zu werfen, kann sich auch lohnen – besonders in Diskussionen, die sich mit Spiele-Storys oder Narrative Design beschäftigen.

Versucht „senior narrative designer freelance" oder „experienced narrative designer freelance" bei eurer Google-Suche. Ihr könnt es auch mit „game writer" probieren, doch dieser Begriff ist heutzutage nicht mehr so gebräuchlich. Erfahrene Spieleautoren *sollten* „narrative designer" irgendwo in ihrem Profil oder unter ihren Schlagwörtern stehen haben.

Habt bitte keine Angst davor, einen Narrative Designer zu engagieren, der von zu Hause aus arbeitet. Die meiste Schreibarbeit kann mit einer Kombination aus Skype, Slack, Google Docs oder Draw.io erledigt werden. Äußerst selten war es notwendig, dass ich zum Abschließen meiner Arbeit vor Ort bei einem Kunden vorbeikommen musste. Es ist zwar cool, die Leute, mit denen man zusammenarbeitet persönlich zu treffen, aber keineswegs notwendig, um ein Spiel fertigzustellen.

Ja, unterschiedliche Zeitzonen können anstrengend sein, doch für im Homeoffice arbeitende Narrative Designer gehören flexible Arbeitszeiten in aller Regel dazu. Solange ihr virtuelle Meetings und narrative Diskussionen auf ein notwendiges Minimum beschränkt, stehen sie für euch gerne früher auf oder bleiben länger wach. Es kann sein, dass ich meine Ansprüche an mich selbst hier auf andere übertrage, doch im Großen und Ganzen glaube ich nicht, dass diese unzumutbar sind. Aus Sicht eines Narrative Designers sind flexible Arbeitszeiten ein Abstrich, den man gerne akzeptiert – im Tausch gegen die Freiheit, wann und wo man will arbeiten zu können. Beispielsweise habe ich sieben Wochen lang Vollzeit von verschiedenen Cafés und Hotels in Thailand aus gearbeitet. Wahrscheinlich hätten meine Kunden gar nichts davon bemerkt, wenn ich es ihnen nicht jeden Tag auf die Nase gebunden hätte, aber so bin ich nun mal. Und so haben wir munter weiter kommuniziert und die Arbeit wurde erledigt.

Doch woran erkennt man, dass man nach langer Suche endlich den richtigen Narrative Designer gefunden hat? Nun, dafür gibt es zwei Merkmale:

1. Sie sollten entsprechende Arbeitsproben vorweisen können. Fragt neben Texten aus Spielen und Story-Skripts auch nach Game-Design-Dokumenten. Euer Narrative Designer muss nämlich ebenso gut darin sein, eurem Team seine Ideen zu vermitteln, wie er darin ist, eurem Zielpublikum eine Geschichte zu erzählen.

2. Freiberufliche Narrative Designer bieten häufig eine kostenlose Erstberatung von bis zu einer Stunde an. Das solltet ihr nutzen und herausfinden, ob eure „kreative Chemie" stimmt. Auf jeden Fall solltet ihr abklären, welche Arbeit euch nichts kostet und für

welche ihr bezahlen müsst. So gibt es für beide Seiten keine unangenehmen Überraschungen.

Wie viel?!

Ich kann mir gut vorstellen, dass ihr euch jetzt fragt, wie viel euch ein freiberuflicher Narrative Designer nun kosten wird. Zuallererst macht es wenig Sinn, nach Stundensätzen zu fragen. Denn diese treiben einem im Regelfall bloß den Schweiß auf die Stirn und führen komplett in die Irre. Unterschiedliche Autoren arbeiten mit unterschiedlicher Geschwindigkeit an unterschiedlichen Projekten. Der eine Autor schreibt ein fantastisches Dialogskript in nur wenigen Stunden, feilt jedoch tagelang an den Feinheiten eines Design-Dokuments, um Ludo-Narrative-Dissonanzen um jeden Preis zu vermeiden. Aus meiner eigenen Erfahrung heraus, finde ich einen ergebnisorientierten Ansatz am besten.

Sucht ihr beispielsweise nach einem Skript, das NPC-Dialoge und „narrative Momente" für ca. 30 bis 45 Minuten Spielzeit enthält, können bis zu 1.500 US-Dollar auf euch zukommen. Wenn wir von einem relativ linear verlaufenden Spiel mit eingeschränkter narrativer Interaktivität ausgehen. Fügt man verzweigte Handlungsstränge und dynamische Dialoge hinzu, wird es schnell teurer.

Flavor-Texte für Gegenstände oder ein bis zwei Quest-Texte für ein Aufbauspiel oder Ähnliches sollten im halben Dutzend etwa 100 Dollar kosten.

Ein Charakter-Profil … auch ungefähr 100 Dollar, vielleicht ein wenig mehr. Einfaches Quest-Design plus Beschreibungen und NPC-Dialog für ein Rollenspiel? Bis zu 300 Dollar.

Ich muss betonen, dass das nur ganz grobe Angaben sind, die eventuell gar nicht relevant für das sind, was euer Spiel tatsächlich braucht. Auf was ihr euch am Ende einigt, liegt ganz bei euch und eurem Narrative Designer. Nur so bekommt ihr ein Story-Paket, das euch nicht zu viel kostet und trotzdem alles Nötige umfasst.

Preise „pro Wort" oder „pro Seite" sind keine Option. Auch wenn das Gerücht umgeht, dass Autoren japanischer Visual Novels für jedes geschriebene Wort bezahlt werden. Warum sonst umfassen manche dieser Spiele bitte bis zu 800.000 Wörter?!

Letztendlich kommt es darauf an, was für euer Spiel das Beste ist. Eine einfache auf eine Wand gekritzelte Nachricht kann mehr bewirken als ein 100 Seiten langes Buch. Doch je kürzer etwas ist, desto schwieriger lässt es sich schreiben. Das Gekritzel an der Wand und das Buch könnten also ähnlich viel Zeit und Aufwand benötigen.

„Hätte ich mehr Zeit gehabt, hätte ich einen kürzeren Brief geschrieben." – Blaise Pascal

---

Es kommt also nicht auf die Menge an Story an, sondern auf die *Wirkung*, die ihr euch von ihr erhofft. Müssen Informationen zu einer Quest vermittelt werden? Muss Hintergrundgeschichte transportiert werden? Geht es darum, eine Beziehung zwischen dem Spieler-Charakter und einem NPC herzustellen? Oder soll all das gleichzeitig geschehen? Wenn ihr eurem Autor erklären könnt, welche Wirkung euer narrativer Happen erzielen soll, kann er viel leichter einschätzen, was er dafür anstellen muss und wie viel er dafür verlangt.

Versucht also weniger über das „Wie viel" zu reden. Versucht beim „Wie" zu bleiben.

„Winter is coming."

Menge = drei Wörter

Wert = unschätzbar

Ich könnte jetzt noch über Verträge, NDAs und all den Quatsch reden, aber da ich kein Anwalt bin, halte ich dazu lieber meine Klappe. Nachdem ich das gesagt habe – und ich einfach nicht anders kann – muss ich doch festhalten, dass Vertrauen für viele professionelle Narrative Designer eine Selbstverständlichkeit ist. Außerdem spricht sich der Branche schnell herum, wer seine Klappe nicht halten kann oder dazu neigt, Deadlines und Abgabetermine zu vergessen. Ich wünschte, ich könnte euch sagen, dass jeder stets tüchtig und verlässlich ist. Aber hey, wir sind alle Menschen und keine Roboter, die uns ohnehin schon bald ersetzen werden.

Ich hoffe wirklich sehr, dass euch dieses Buch dabei helfen kann, viele der Risiken und Stolpersteine zu vermeiden, die Story in einem Indie-Spiel so mit sich bringen. Je mehr IHR als Indie-Entwickler darüber wisst, was ihr für eure Story wirklich benötigt, desto geringer ist die Chance, dass ihr aufgrund falscher Erwartungen enttäuscht werdet oder allzu teure narrative Fehler macht.

Es stimmt, dass der Narrative Designer der Spezialist für die Story ist, doch am Ende ist es *euer* Spiel. Die Hauptverantwortung für die Qualität und den Erfolg des Spiels liegt einzig und allein bei euch.

KAPITEL 11

WAS IST EURE GESCHICHTE?

Das liegt immer noch ganz bei euch. Auch „wie" ihr eure Geschichte erzählt.

Ich hoffe aber, dass eine Sache klargeworden ist: Was bei eurer Story möglich ist und – oft noch wichtiger – was *nicht* möglich ist. Ich habe die Erfahrung gemacht, dass genau das einen Indie-Entwickler auszeichnet. Die eigenen Grenzen zu kennen und innerhalb dieser Einschränkungen wirklich Herausragendes zu schaffen.

Ihr müsst wissen, dass Kreativität ohne Grenzen aus gutem Grund eine schreckliche Vorstellung ist. Ihr braucht euch nur *Synecdoche, New York* anzusehen und ihr werdet schnell verstehen, wie verheerend und fatal die Kombination aus großem Verstand und großem Scheckheft sein kann. Manche Menschen reisen in das Reich der Träume und der Fantasie und kommen nie wieder zurück. Andere bezahlen ein Vermögen für kreative Beratung und Konzeption, anstatt dass sie einen Bruchteil dafür ausgeben, um *sich selbst* in der Entwicklung und Umsetzung eigener Ideen zu schulen.

Daran solltet ihr stets denken: Es ist *eure* Idee. Niemand wird sie jemals so verstehen wie ihr selbst. Wenn ihr andere zu früh an Bord holt, bevor ihr eure Idee komplett durchdacht habt, lauft ihr Gefahr, dass wohlmeinende Fachleute eure Idee in ihre eigene verwandeln.

Natürlich ist das nicht immer schlecht. Es gibt einen sehr guten Grund dafür, warum *Das Imperium schlägt zurück* der beste der ersten sechs *Star Wars*-Filme ist: George Lucas hat weder das Drehbuch dazu geschrieben, noch die Regie geführt. Hätte er sich allerdings beim allerersten Film zu sehr ins Handwerk reden lassen, hätte es das *Star Wars*-Franchise vielleicht nie gegeben und die Welt wäre ein wenig trister.

Manchmal muss man Dinge allein anpacken und manchmal muss man die Kavallerie zu Hilfe rufen. Ich hoffe sehr, dass ihr dieses Buch während der ersten Phase gelesen habt, nicht während der letzteren. Zu Beginn ist ein Spielekonzept wie eine einzelne Blume, die gerade erblüht ist. Ein komplett ausgearbeitetes Konzept ist dagegen wie ein riesiges Blumenmeer, das einen ganzen Berghang bedeckt, Heidi-Style. Die Kavallerie zertrampelt so manches, wenn sie heranstürmt. Ein Blumenmeer kann das überleben. Eine einzelne Blume eher weniger.

Lehnt euch also für einen Moment zurück und fragt euch: Was steht euch zur Verfügung? Ihr selbst, ein Computer und das bisschen Ersparte, das von eurem deprimierenden Job übriggeblieben ist, nachdem ihr ihn endlich hingeschmissen habt. Oder vielleicht habt ihr diesen Job immer noch und stattdessen sind es Familie und Hypothek, die von eurem Einkommen nichts mehr übriglassen. In beiden Fällen sind eure Mittel stark eingeschränkt. Doch keine Sorge, ihr seid nicht die einzigen. *Jeder* Indie-Entwickler versteht, was ihr durchmacht – besonders am Beginn einer Karriere.

Diese finanziellen Einschränkungen unterscheiden uns Indies von den AAA-Leuten. Doch diese Einschränkungen zwingen uns auch dazu, kreativer zu sein, als viele AAA-Studios es jemals wagen würden. Wenn man kein Geld in ein Projekt pumpen kann, muss man es eben mit zwei deutlich wertvolleren Dingen am Leben erhalten:

Zeit und Hirnschmalz.

Die „Bedeutung" von Geld kann man relativ leicht vergessen. Doch wenige können die gewaltige Anstrengung vergessen, die einem ein kreativer Gedanke abverlangt. Ganz zu schweigen von der ach so kostbaren Zeit, die man in das eigene geliebte Spieleprojekt investiert hat. Zeit, die noch kostbarer wird, weil man sie weder zum Geldverdienen nutzen kann, noch für Familie und Haustiere, einen gesunden Lebensstil, das Pflegen zwischenmenschlicher Beziehungen und überhaupt alles, was den Krautsalat des menschlichen Daseins erst richtig lecker macht.

Deswegen hoffe ich, dass all die obskuren Ratschläge und Weisheiten zum Preis eines Big Macs euch dabei helfen konnten, zu erkennen was in diesem enggesteckten Rahmen überhaupt möglich ist.

Natürlich könnt ihr immer noch eine Geschichte erzählen. Man muss kein AAA-Studio sein, um das hinzubekommen. Meiner Meinung nach gibt es nichts Schlimmeres für eine Geschichte als ein Riesenbudget, ständiges Schielen auf den Markt und „Schreiben nach Konsens".

Letztlich kommt es darauf an, *wie* man eine gute Geschichte mit den beschränkten Mitteln eines Indie-Entwicklers erzählt. Ich hoffe von ganzem Herzen, dass euch dieses Buch einen Schubs in die richtige Richtung geben konnte. Dass es euch nicht nur geholfen hat, herauszufinden, welche Geschichte ihr mit eurem Spiel erzählen wollt, sondern euch auch einige Mittel aufgezeigt hat, mit denen ihr das hinbekommt.

Vor sechs Jahren hatte ich so gut wie keine Ahnung von Game Story. Vor 15 Jahren hatte ich so gut wie keine Ahnung von Story im Allgemeinen. Natürlich habe ich einige Fortbildungskurse besucht und jede Menge Bücher gelesen. Doch das Meiste habe ich gelernt, als ich diese zwei wertvollen Ressourcen investiert habe:

Zeit und Hirnschmalz.

Ist man ein Indie, steht Lernen an erster Stelle. Tatsächlich etwas zu erschaffen, kommt an zweiter. Und Geldausgeben sollte immer die letzte Option sein. Deswegen: Danke dafür, dass ihr dieses Buch gekauft habt. Möge jeder Euro, den ihr dafür ausgegeben habt, euch hunderte Euro beim Erzählen eurer eigene Game-Story sparen.

Ich freue mich schon darauf, euer Spiel zu spielen.

ÜBER DEN AUTOR

Edwin McRae ist professioneller Game Writer aus Neuseeland. Von epischen Rollenspielen über Aufbauspiele mit chaotischen Goblins bis hin zu textbasierten Choose-Your-Own-Adventure-Spielen hat er bereits an allem gearbeitet. Zudem schreibt er LitRPG-Romane.

Mehr Informationen und Neuigkeiten über Storytelling in Videospielen oder Storytelling im Allgemeinen findet ihr auf Edwins Webseite. Dort veröffentlicht er regelmäßig Artikel über Narrative Design, Videospiele und über die ständige Entwicklung von Storytelling im 21. Jahrhundert.

www.edmcrae.com

Made in the USA
Monee, IL
07 July 2026

56550254R00062